Learn Russian in English

Istomina Ilona

문예림

저 자 Istomina Ilona (이스토미나 일로나)

우랄국립대학교 러시아어문학 박사(2013) 졸업하였으며, 러시아 우랄국립대학교 조교수(2010~2015)를 역임한 후, 현재는 성균관대학교 초빙교수(2017~) , 고려대 초빙교수(2020~)로 재직 중이다.

저서로는 〈러시아어 토르플 기초단계 실전 모의고사1〉(2017), 〈러시아어 토르플 기본단계 실전 모의고사1〉(2017), 〈토르플 한 걸음씩 완성하기〉(공저, 2017), 〈Добро пожаловать в Россию! – Welcome to Russia!〉(2014)이 있으며, 자격증 및 과정으로 "Bilingual 유소년 러시아어 수업 교육 이수"(독일 IkaRuS, 2017), "세계 각지 러시아어 교육 향상 방법 수업 이수"(러시아 뿌쉬킨 대학교, 2016), "러시아 국적 취득 위한 시험과

목 수업 자격증"(러시아 민족우호대학교, 2014), "러시아어가 모국어가 아닌 학생 위한 수업 자격증" (Russian New University, 2012), "러시아어 국적 취득 외국인들 시험 감독 자격증"(러시아 민족우호대학교, 2009), "외국인들 러시아어 교수법 자격 교육 이수"(러시아 우랄대학교, 2009) 등이 있다.

Learn Russian in English

2판 1쇄 인쇄 2021년 6월 28일
2판 1쇄 발행 2021년 7월 9일

저자 Istomina liona
발행인 서덕일

펴낸곳 도서출판 문예림
주소 경기도 파주시 회동길 366(서패동) (10881)
전화 (02)499-1281~2
팩스 (02)499-1283
홈페이지 http://www.moonyelim.com
전자우편 info@moonyelim.com

출판등록 1962. 7. 12 제2-110호
ISBN

머리말

*Learn Russian in English*는 러시아어를 처음 배우려는 혹은 과거에 공부했으나 이를 이어가려는 전공자 혹은 비전공자를 위한 책이다. 또한 러시아어에 관심이 있고, 러시아를 여행할 계획이 있는 분들을 위한 교재이다.

이 교재는 알파벳, 러시아어를 올바르게 읽는 방법, 문법, 8개의 실생활 주제로 구성되어 있으며, 이 8개의 주제는 향후 러시아를 여행하거나 유학하는데 필요한 내용이다. 또한 연습문제에 대한 해답 및 듣기 파일도 제공이 된다.

"문법" 부문에서는 다음 품사들이 다루어질 것이다. 대명사(인칭대명사, 소유대명사), 명사와 형용사(단수, 복수, 6격), 동사(원형, 현재, 과거, 미래형), 그리고 부사. 러시아어 문법을 습득하면 스스로 문장과 대화문을 만드는 것은 물론, 더 나아가 러시아어 텍스트를 읽고 이해하는데 큰 도움이 될 것이다.

이 책을 공부하는 데 있어서, 우선 러시아 문법을 익히기를 추천한다(러시아어의 품사 및 6격에 맞는 변형 방법). 그러나 만약 문법이 너무 어렵게 느껴진다면, 뒷 부분의 실생활 주제를 공부하며 문법 부분을 동시에 공부하는 것도 방법이 될 것이다.

당신의 러시아어 실력이 어느 수준인지에 따라서 이 책을 공부하는 방법은 다음과 같다.

	당신의 러시아어 수준	
	러시아어 처음 학습자	러시아어 기초 공부한 학습자
주제	알파벳 러시아어 읽는 법 러시아어의 중요한 단어, 문구들 문법 주제 1 : 자기소개 주제 2 : 슈퍼마켓에서 주제 3 : 병원에서 주제 4 : 레스토랑에서 주제 5 : 도시 생활 표현	문법 주제 1 : 자기소개, 취미 주제 2 : 슈퍼마켓에서, 휴대폰 매장에서 주제 3 : 병원에서, 약국에서 주제 4 : 레스토랑에서, 요리법 주제 5 : 도시 생활 표현, 날씨 주제 6 : 초대, 축하 주제 7 : 모스크바 여행 주제 8 : 상트 빼테르부트르 여행

이 교재가 러시아어 공부에 충분한 도움이 되려면, 처음부터 끝까지 독파하기를 추천하는 바이다.

Learn Russian in English is a textbook for philologists and non-philologists who are begining or are continuing to study Russian and will also be useful for anyone who is interested in the Russian language and are planning to visit Russia.

This textbook includes alphabet, reading rules, grammar and 8 important topics which are necessary for travelling or studying in Russia. There are also answers and audiofiles.

In the section 《Grammar》 the following Parts of Speech are considered: Pronouns (personal and possessive), Nouns and Adjectives (singular and plural forms, 6 cases), Verbs (infinitive, Present, Past and Future Tenses) and Adverbs.

Knowledge of the Russian grammar system will help you make sentences and dialogues independently, furthermore read and understand the Russian texts.

First of all, we recommend that you become acquainted with grammar (Parts of Speech in the Russian language and ways to change them). If the grammatical material seems difficult to you, we recommend you go to the next topics while learning the grammar in parallel.

Using this textbook will be dependent on your Russian level:

	Your Russian language level	
	Absolutely beginner	**Elementary/Basic**
Topics	Alphabet How to read the Russian words The most important words and phrases Grammar Topic 1. About yourself Topic 2. In the supermarket Topic 3. In the hospital Topic 4. In the restaurant Topic 5. In the city	Grammar Topic 1. About yourself. Hobbies Topic 2. In the supermarket. At the phone store Topic 3. In the hospital. At the pharmacy Topic 4. In the restaurant. Cooking recipe Topic 5. In the city. Weather Topic 6. Invitation. Giving congratulations Topic 7. Guided tour of Moscow Topic 8. Guided tour of Saint Petersburg

For a resourceful learning of book material, it is recommended to study this textbook from beginning to end.

Contents

Алфави́т
Alphabet

0-0

Russian alphabet (printed form)	Russian alphabet (written form)	English sound parallel	Korean sound parallel	Russian example
А а	*А а*	**a** in gl**a**ss	아 in 하다	**ма́ма** (mother)
Б б	*Б б*	**b** in **b**oy	ㅂ in 보다	**банк** (bank)
В в	*В в*	**v** in **v**ictory	–	**вы** (you)
Г г	*Г г*	**g** in **g**roup	ㄱ in 가다	**где** (where)
Д д	*Д д*	**d** in **d**oor	ㄷ in 닭	**да** (yes)
Е е	*Е е*	**ye** in **ye**llow	예 in 예수님	**есть** (there is/are...; to eat)
Ё ё	*Ё ё*	**yo** in **yo**gurt	요 in 요리	**ёлка** (Christmas tree)
Ж ж	*Ж ж*	**s** in trea**s**ure	–	**жить** (to live)
З з	*З з*	**z** in **z**one	–	**зонт** (umbrella)
И и	*И и*	**ee** in b**ee**	이 in 이야기	**и** (and)
Й й	*Й й*	**y** in to**y**	–	**мой** (my)
К к	*К к*	**k** in **K**orea	ㅋ in 커피	**кот** (cat)
Л л	*Л л*	**l** in **l**ove	ㄹㄹ in 빌라	**лук** (onion)
М м	*М м*	**m** in **m**om	ㅁ in 맛	**мы** (we)
Н н	*Н н*	**n** in **n**ight	ㄴ in 눈	**нет** (no)
О о	*О о*	**o** in **o**range	오 in 오다	**он** (he)
П п	*П п*	**p** in **p**iano	ㅍ in 소파	**па́па** (father)
Р р	*Р р*	**r** in **r**abbit	ㄹ in 러시아	**рабо́та** (job)

С с	*С с*	**s** in **s**alt	ㅆ in 쓰다	сок (juice)
Т т	*Т т*	**t** in **t**able	ㅌ in 타다	ты (you)
У у	*У у*	**oo** in f**oo**d	우 in 우리	тут (here)
Ф ф	*Ф ф*	**f** in **f**actory	–	фильм (film)
Х х	*Х х*	**h** in **h**ouse	ㅎ in 힘	хорошó (good)
Ц ц	*Ц ц*	**ts** in ca**ts**	–	цветы́ (flowers)
Ч ч	*Ч ч*	**ch** in **ch**ance	ㅊ in 참	час (hour)
Ш ш	*Ш ш*	**sh** in **sh**ark	–	маши́на (car)
Щ щ	*Щ щ*	–	쉬 in 쉬다	щётка (brush)
ъ	*ъ*	hard sign (points to the short pause between two sounds)	–	подъéзд (porch)
ы	*ы*	–	의 in 의사	сыр (cheese)
ь	*ь*	soft sign (adds gentle ‘y’ to a consonant)	–	день (day)
Э э	*Э э*	**e** in p**e**t	에 in 이메일	э́то (it/this)
Ю ю	*Ю ю*	**u** in **u**sage	유 in 우유	(я) люблю́ (I love/I like)
Я я	*Я я*	**ya** in **ya**cht	야 in 약	я (I)

Как чита́ть ру́сские слова́

How to read the Russian words

There are many Russian words that contain more than one syllable, for example: *мама (mother)*, *ручка (pen)*, *хорошо (good)* etc. For such words we use stress to emphasize one of syllables: ма́ма [m**a**:ma], ру́чка [r**u**:chka], хорошо́ [harash**o**:].

The words that consist of one syllable (like *вот*, *да*, *кто* etc.) have stress automatically. Exceptions are combinations of short words such as: *Кто это? (Who is it?)*, *Что это? (What is it?)*. In this case the two words together are pronounced in one word and get just one stress: *Кто́ это?* [kt**o**:eta]; *Что́ это?* [sht**o**:eta].

In this instance you can see that the **o** in the words *хорошо́* and *э́**то*** do not have stress and change to **a**. Why?

ó = [o]	д**о́**м (house) раб**о́**та (work, job)
o = [a]	х**о**р**о**шó (good) э́т**о** (it/this) в**о**дá (water) М**о**сквá (Moscow)

Зада́ние 1. **Слу́шайте и повторя́йте.**

0-1 **Exercise 1. Listen and repeat.**

Ктó это? (Who is it?) Чтó это? (What is it?) Дом (house). Рабóта (job). Хорошó (good/well). Водá (water). Э́то мой зонт (It is my umbrella). Э́то Росси́я (It is Russia). Э́то Москвá (It is Moscow).

This rule applies not only to the letter **o**. Similar situations occur with letters **e** and

я. Look at the words *телефо́н* (phone) и ***янва́рь*** (January). Letters **е** and **я** in these words do not have stress and therefore change:

é = [е]	**де́ньги** (money)
е = [и]*	**телефо́н** (phone)

я́ = [я]	**семья́** (family)
я = [и]*	**янва́рь** (January)

The above words should be read as follows: *де́ньги* [de:n'gi], *телефо́н* [tilifo:n], *семья́* [sim'ya:], *янва́рь* [inva:r'].

* Especially if letters **е** and **я** are in a syllables which come before the stress.

0-2 **Зада́ние 2. Слу́шайте и повторя́йте.**

Exercise 2. Listen and repeat.

Де́ньги (money). Где мой телефо́н? (Where is my phone?) Э́то семья́ (This is a family). Я люблю́ янва́рь (I like January). Я люблю́ цветы́ (I like flowers).

The letter **ё** is always under the stress: ***ёлка*** (Christmas tree), *моё* (my), *дёшево* (cheap).

0-3 **Зада́ние 3. Слу́шайте и повторя́йте.**

Exercise 3. Listen and repeat.

Э́то ёлка (This is a Christmas tree). Э́то моё (It is mine). О́чень дёшево! (It is very cheap!)

If **б, в, г, д, ж, з** are final letters or are placed before voiceless consonants, they are pronounced as **п, ф, к, т, ш, с**.

б → п	в → ф	г → к	д → т	ж → ш	з → с

хлеб (bread) ➔ хле[п]

снег (snow) ➔ сне[к]

муж (husband) ➔ му[ш]

Санкт-Петербу́рг (Saint Petersburg) ➔ Санкт-Петербу́р[к]

Анто́н Че́хов (Anton Chekhov) ➔ Анто́н Че́хо[ф]

Лев Толсто́й (Leo Tolstoy) ➔ Ле[ф] Толсто́й

Пётр Чайко́вский (Pyotr Tchaikovsky) ➔ Пётр Ч[и]йко́[ф]ский

Фёдор Достое́вский (Fyodor Dostoevsky) ➔ Фёдор Достое́[ф]ский

Зада́ние 4. Слу́шайте и повторя́йте.
0-4 **Exercise 4. Listen and repeat.**

Я люблю́ хлеб (I like bread). Я люблю́ снег (I like snow). Э́то мой муж (This is my husband). Я люблю́ Санкт-Петербу́рг (I like Saint Petersburg). Э́то Анто́н Че́хов (This is Anton Chekhov). Э́то Лев Толсто́й (This is Leo Tolstoy). Э́то Пётр Чайко́вский (This is Pyotr Tchaikovsky). Э́то Фёдор Достое́вский (This is Fyodor Dostoevsky).

In some words the letter г between vowels is pronounced as **в**: сего́дня [sivo:dnya] (today), его́ [ivo:] (his).

Зада́ние 5. Слу́шайте и повторя́йте.
0-5 **Exercise 5. Listen and repeat.**

Сего́дня хо́лодно (It is cold today). Э́то его́ биле́т (This is his ticket).

Са́мые ва́жные слова́ и фра́зы
The most important words and phrases

Before studying Russian Grammar, we should say about the most important Russian words and phrases:

0-6
Здра́вствуйте! (Hello!)
Здра́вствуй! (Hello!)
Приве́т! (Hi!)
До свида́ния! (Goodbye!)
Пока́! (Bye!)
Уви́димся! (See you!)
Как дела́? (How are you?)
Спаси́бо! (Thank you!)
Пожа́луйста! (You are welcome!/Please...)
Извини́те. (Excuse me… / I am sorry.)

In the word **здра́вствуйте** ***-в-*** (sound [**ф**]) is not pronounced as: [здра́-ствуй-те] (Hello!). This is the most formal form of greeting in Russia.

If the recipient is a little younger than you, you may say to him or her: **Здра́вствуй!** [здра́-ствуй] (Hello!)

If the recipient is your friend, you may say to him or her: **Приве́т!** [при-ве́т] (Hi!)

До свида́ния [да-сви-да́-ни-я] – is a very formal form. To friends you may say **Пока́!** [па-ка́] (Bye!) or **Уви́димся!** [у-ви́-дим-ся] (See you!)

The dialog with friends, you may start with words: Приве́т! **Как дела́?** [как ди-ла́] (How are you?).

Look at the following dialog:

0-7

– **Приве́т! Как дела́?**	– Hi! How are you?
– **Спаси́бо**, хорошо́. А у тебя́?	– Thank you, I am fine. And you?
– Пло́хо. За́втра экза́мен.	– Not so good. Tomorrow there will be an exam.
– Да? Уда́чи!	– Really? Good luck!
– Спаси́бо!	– Thanks!

If you want to say ≪You are welcome!≫, you may say: **Пожа́луйста**. In this word ***-уй-*** are not pronounced as: [па-жа́л-ста]. We also use this word for request, which is expressed by English word *please*.

If you want to ask somebody about something, you may start with word **Извини́те**: **Извини́те**, где метро́? (Excuse me, where is metro station?)

If you are guilty and would like to apologize, you also should say **Извини́те**.

Repeat once again:

Здра́вствуйте! Здра́вствуй! Приве́т!

До свида́ния! Пока́! Уви́димся!

Как дела́?

Спаси́бо! Пожа́луйста!

Извини́те.

Грамма́тика
Grammar

ЛИ́ЧНЫЕ МЕСТОИМЕ́НИЯ
PERSONAL PRONOUNS

0-8

я (I)	**мы** (we)
ты (you)	**вы** (you)
он (he) **она́** (she) **оно́** (it)	**они́** (they)

ты VS вы
you (informal) VS you (formal/plural)

The personal pronoun **ты** is used especially in *informal* situations such as: addressing to family members, friends, children, or sometimes addressing to people younger than the speaker. It is a singular form.

The personal pronoun **вы** is used in two situations. Firstly in a *formal* situation. This pronoun expresses a *polite attitude* to the recipient. Most often it is used in addressing a recipient older than the speaker. It is a singular form.

Secondly the personal pronoun **вы** is used to address a *group of people*. It is a plural form.

СУЩЕСТВИ́ТЕЛЬНЫЕ
NOUNS

All Russian nouns have a gender: **ОН** (masculine), **ОНА́** (feminine), **ОНО́** (neuter).
To determine the gender look at the **ending of the words**.

0-9

ОН	ОНА́	ОНО́
consonant, -ь, -а, -я	-а, -я, -ь	-о, -е, -мя
до**м** (house) музе́**й** (museum) ден**ь** (day) па́п**а** (father) дя́д**я** (uncle)	ма́м**а** (mother) семь**я́** (family) доч**ь** (daughter)	ле́т**о** (summer) мо́р**е** (sea) вре́**мя** (time)

Зада́ние 1. Посмотри́те на слова́ и определи́те их род.

Exercise 1. Look at the following words and decide on their gender.

брат (brother)		фильм (film)	
ёлка (Christmas tree)		письмо́ (letter/message)	
жара́ (heat)		час (hour)	
зонт (umbrella)		шанс (chance)	
игра́ (game)		окно́ (window)	
стол (table)		сыр (cheese)	
Росси́я (Russia)		сестра́ (sister)	
у́лица (street)		ба́бушка (grandmother)	

и́мя (name)		вре́мя (time)	

ОНИ́ (plural)

0-10

ОН	ОНА́	ОНО́
-ы/-и* (*after г, к, х, ж, ш, ч, щ, ь, й) / -а/-я	-ы/-и* (*after г, к, х, ж, ш, ч, щ, ь)	-а/-я
студе́нт – студе́нт**ы** (students: M/ M+F) уро́к – уро́к**и** (lessons) * го́род – город**а́** (cities) * брат – бра́ть**я** (brothers) * These are historical forms which are should be memorized.	столи́ца – столи́ц**ы** (capital cities) студе́нтка – студе́нтк**и** (students: F) ста́нция – ста́нци**и** (stations)	письмо́ – пи́сьм**а** (letters) мо́ре – мор**я́** (seas)

Зада́ние 2. Поста́вьте слова́ в фо́рму мно́жественного числа́.

Exercise 2. Make the plural form for the following nouns.

университе́т (university)		фильм (film)	
ёлка (Christmas tree)		письмо́ (letter/message)	
телефо́н (phone)		час (hour)	
уро́к (lesson)		шанс (chance)	
игра́ (game)		де́ло (thing/business)	

стол (table)		страна́ (country)	
ру́чка (pen)		сестра́ (sister)	
у́лица (street)		ба́бушка (grandmother)	
столи́ца (capital)		окно́ (window)	

ПРИТЯЖА́ТЕЛЬНЫЕ МЕСТОИМЕ́НИЯ
POSSESSIVE PRONOUNS

0-11

я	**мой** **моя́** **моё** **мои́** (plural)	my	**мы**	**наш** **на́ша** **на́ше** **на́ши** (plural)	our
ты	**твой** **твоя́** **твоё** **твои́** (plural)	your	**вы**	**ваш** **ва́ша** **ва́ше** **ва́ши** (plural)	your
он	**его́**	his	**они́**	**и́х**	their
она́	**её**	her			

ПРИТЯЖА́ТЕЛЬНЫЕ МЕСТОИМЕ́НИЯ + СУЩЕСТВИ́ТЕЛЬНЫЕ
POSSESSIVE PRONOUNS + NOUNS

These possessive pronouns *мой*, *твой*, *наш*, *ваш* are dependent on the noun gender. The basic form for these possessive pronouns is ОН (masculine) form.

Look at the following examples.

0-12

мой	ОН: биле́т (ticket) ➜ **мой** биле́**т** (my ticket) ОНА́: оде́жда (clothes) ➜ **моя́** оде́жд**а** (my clothes) ОНО́: пальто́ (coat) ➜ **моё** пальт**о́** (my coat)
твой	ОН: дом (house) ➜ **твой** до**м** (your house) ОНА́: страна́ (country) ➜ **твоя́** стран**а́** (your country) ОНО́: окно́ (window) ➜ **твоё** окн**о́** (your window)
наш	ОН: го́род (city) ➜ **наш** го́род (our city) ОНА́: ро́дина (homeland) ➜ **на́ша** ро́дин**а** (our homeland) ОНО́: письмо́ (letter/message) ➜ **на́ше** письм**о́** (our letter/message)
ваш	ОН: па́спорт (passport) ➜ **ваш** па́спор**т** (your passport) ОНА́: су́мка (bag) ➜ **ва́ша** су́мк**а** (your bag) ОНО́: ме́сто (seat) ➜ **ва́ше** ме́ст**о** (your seat)
plural	мо**и́** ве́щ**и** (my things/stuff/luggage), тво**и́** час**ы́** (your watch), на́ш**и** докуме́нт**ы** (our documents), ва́ш**и** су́мк**и** (your bags)

Зада́ние 3. **Соста́вьте словосочета́ния из сле́дующих слов. Поменя́йте оконча́ние местоиме́ний для форм ОНА́ и ОНО́.**

Exercise 3. **Make phrases in Russian with the following words. Change the ending letters of these possessive pronouns for the following forms: ОНА́ (feminine) and ОНО́ (neuter).**

мой (my) го́род (city)	
мой (my) страна́ (country)	
наш (our) семья́ (family)	
ваш (your) чай (tea)	
мой (my) у́лица (street)	
твой (your) письмо́ (letter)	
мой (my) ма́ма (mother)	
ваш (your) семья́ (family)	

ПРИЛАГА́ТЕЛЬНЫЕ + СУЩЕСТВИ́ТЕЛЬНЫЕ
ADJECTIVES + NOUNS

All adjectives have a gender that depends on subsequent noun gender.
The basic form for the adjectives is OH (masculine) form.

0-13

ОН	ОНА́	ОНО́
-ый, -ий, -о́й	-ая, -яя	-ое, -ее
краси́в**ый** (beautiful) си́н**ий** (blue) больш**о́й** (big)	краси́в**ая** (beautiful) си́н**яя** (blue) больш**а́я** (big)	краси́в**ое** (beautiful) си́н**ее** (blue) больш**о́е** (big)

краси́вый дом (beautiful house)	краси́вая де́вушка (beautiful girl)	краси́вое де́рево (beautiful tree)
си́ний шарф (blue scarf)	си́няя ша́пка (blue cap)	си́нее пальто́ (blue coat)
большо́й университе́т (big university)	больша́я пробле́ма (big problem)	большо́е окно́ (big window)

Зада́ние 4. **Соста́вьте словосочета́ния из сле́дующих слов. Поменя́йте оконча́ние прилага́тельных для форм ОНА́ и ОНО́.**

Exercise 4. **Make phrases in Russian with the following words. Change two final letters of adjectives for forms ОНА́ (feminine) and ОНО́ (neuter).**

краси́вый (beautiful) го́род (city)	
большо́й (big) страна́ (country)	
люби́мый (lovely) семья́ (family)	
дорого́й (expensive) чай (tea)	
хоро́ший (good) пого́да (weather)	
до́брый (good) у́тро (morning)	
до́брый (good) день (afternoon)	
до́брый (good) ве́чер (evening)	

Задáние 5. **Состáвьте предложéния из слéдующих слов. Поменя́йте окончáния местоимéния и прилагáтельных для форм ОНÁ и ОНÓ.**

Exercise 5. **Make sentences in Russian with the following words. Change the final letters of possessive pronoun and adjectives for the forms ОНÁ (feminine) and ОНÓ (neuter).**

Сонгюнгван (Sungkyunkwan) + большóй (big) + университéт (university).	
Росси́я (Russia) + краси́вый (beautiful) + странá (country).	
Пеки́н (Beijing) + извéстный (famous) + гóрод (city).	
Одри Хепбёрн (Audrey Hepburn) + краси́вый (beautiful) + актри́са (actress).	
Дождь (rain) + мой (my) + люби́мый (favorite) + погóда (weather).	

ОНИ́ (plural)

ОН	ОНÁ	ОНÓ
-ые/-ие* (*after г, к, х, ж, ш, ч, щ)		

Задáние 6. **Постáвьте словосочетáния в фóрму мнóжественного числá.**

Exercise 6. **Make phrases in the plural form with the following words.**

красúвый (beautiful) студéнт (student)	
большóй (big) странá (country)	
любúмый (favorite) урóк (lesson)	
дорогóй (expensive) конфéта (candy)	
хорóший (good) кнúга (book)	

ПАДЕЖИ́ СУЩЕСТВИ́ТЕЛЬНЫХ, ПРИЛАГА́ТЕЛЬНЫХ И ПРИТЯЖА́ТЕЛЬНЫХ МЕСТОИМЕ́НИЙ

6 cases for nouns, adjectives and possessive pronouns

In Russian language there are <u>6 forms (cases)</u> for pronouns, nouns and adjectives which are connected with different situations.

We have already looked at <u>the basic form</u> for pronouns, nouns and adjectives. This was <u>CASE №1</u> – Nominative (Именúтельный падéж)

For example:

Э́то моя́ семья́. – This is my family.

Он хорóший студéнт. – He is a good student.

Э́то красúвая дéвушка. – This is a beautiful girl.

Я Минсок. – I am Minseok.

The questions for the CASE №1

Personal pronouns Nouns	Кто? Что?	Who? What?	Кто́ это? (Who is it?) Что́ это? (What is it?)
Possessive pronouns	Чей? Чья? Чьё? Чьи?	Whose?	Чей телефо́н? (Whose phone it is?) Чья су́мка? (Whose bag it is?) Чьё ме́сто? (Whose seat it is?) Чьи очки́? (Whose glasses are they?)
Adjectives	Како́й? Кака́я? Како́е? Каки́е?	What? Which?	Како́й э́то го́род? (What city is this?) Кака́я э́то страна́? (Which country is this?) Како́е э́то число́? (What is this number?) Каки́е э́то бу́квы? (What are these letters?)

Зада́ние 7. Напиши́те вопро́сы для подчёркнутых слов.

Exercise 7. Make questions for the following underlined words.

Я Ири́на. (I am Irina)	
Э́то моя́ ру́чка. (This is my pen)	
Она́ краси́вая де́вушка. (She is a beautiful girl)	
Э́то моя́ люби́мая дра́ма. (This is my favorite drama)	

Сего́дня хоро́ший день. (Today is a good day)	
Э́то дорога́я су́мка. (This bag is expensive)	

It is time to learn other 5 cases for **nouns**.

CASE №2 Роди́тельный паде́ж (Genitive)

When somebody asks you like ≪Who? (Кого́?) / What? (Чего́?) / Where from? (Отку́да?)≫, it means the answer may contain case №2.

- **Как поменя́ть (How to change)**

gender	ending of nouns
ОН	**-а/-я/-ы*/-и*** **(*for nouns like па́па (father) or дя́дя (uncle))**
ОНА́	**-ы/-и**
ОНО́	**-а/-я/-ени*** **(*for nouns like и́мя (name) or вре́мя (time))**

- **Как испо́льзовать (How to use)**

0-14

1	**There is no...** **нет...**	*банк*: Здесь **нет** ба́нка. (There is no bank here) *остано́вка*: Тут **нет** остано́вки. (There is no bus stop here)
2	**Who has?** **У кого́ есть?** я – у меня́ ты – у тебя́ он – у него́ она́ – у неё мы – у нас вы – у вас они́ – у них	**У меня́** есть соба́ка. (I have a dog) **У них** есть де́ньги. (They have money) **У вас** есть вре́мя? (Do you have a time?)
3	**do not have.../ does not have...** **нет...**	*кни́га*: У меня́ **нет** кни́ги. (I do not have a book) *уро́к*: У нас сего́дня **нет** уро́ка. (We do not have a lesson today)

4	**noun OF noun** **(case №1 + case №2)**	центр + *гóрод* ➜ центр гóрод**а** (center of city/city center) ýлица + *Пýшкин* ➜ ýлица Пýшкин**а** (street of Pushkin/Pushkin street) ценá + *кнúга* ➜ ценá кнúг**и** (price of the book/book price) день + *рождéние* ➜ день рождéни**я** (day of birth/birthday)
5	**Quantity**	2 (два, две), 3 (три), 4 (четы́ре) + case №2 *час*: два час**á** (two hours/two o'clock) *недéля*: две недéл**и** (two weeks) *день*: три дн**я** (three days) *мéсяц*: четы́ре мéсяц**а** (four months)
6	**from...** **из/с**	*Китáй*: Он **из** Китá**я**. (He is from China) *Корéя*: Я **из** Корé**и**. (I am from Korea) *рабóта*: Я идý **с** рабóт**ы**. (I am going home from work)
7	**How to get to...?** **Как доéхать до...?**	*центр*: Как доéхать **до** цéнтр**а**? (How to get to city centre?) *ýлица, Чéхов*: Как доéхать **до** ýлиц**ы** Чéхов**а**? (How to get to Chechov street?)
8	**óколо...** (near, close to) **напрóтив...** (opposite, in front of…) **спрáва от...** (on the right of...) **слéва от...** (on the left of...)	*дом*: **Óколо** дóм**а** есть парк. (There is a park near my home) *университéт, остановка*: **Напрóтив** университéт**а** нет остановк**и**. (There is no bus stop opposite of the university campus) *магазúн*: Банк нахóдится **спрáва от** магазúн**а**. (The bank is on the right of the store) *ресторáн*: **Слéва от** ресторáн**а** есть метрó. (There is a subway station on the left of the restaurant)
9	**without...** **без**	*молокó*: Мне кóфе **без** молок**á**, пожáлуйста. (Coffee without milk for me, please)
10	**for...** **для**	*урóк*: Мне нýжен учéбник **для** урóк**а**. (I need a textbook for the lesson)

CASE №3 Да́тельный паде́ж (Dative)

When somebody asks you like ≪To whom? (Кому́?) / To which? (Чему́?)≫, it means the answer may contain case №3.

- **Как поменя́ть (How to change)**

gender	ending of nouns
ОН	**-у/-ю/-е*** **(*for nouns like па́па (father) or дя́дя (uncle))**
ОНА́	**-е/-и**
ОНО́	**-у/-ю/-ени*** **(*for nouns like и́мя (name) or вре́мя (time))**

- **Как испо́льзовать (How to use)**

0-15

1	**Age** я – мне ты – тебе́ он – ему́ она́ – ей мы – нам вы – вам они́ – им	**Мне** 21 (два́дцать оди́н) год. (I am 21 years old) *брат*: Бра́ту 25 (два́дцать пять) лет. (My brother is 25 years old) *ма́ма*: Ма́ме 43 (со́рок три) го́да. (My mother is 43 years old) **1 – год** **2–4 – го́да** **5–20 – лет**
2	**I like…** **Мне нра́вится...**	**Мне** нра́вится ле́то. (I like summer) *па́па*: Па́пе нра́вится зима́. (Father likes winter) *друг*: Дру́гу нра́вится Москва́. (My friend likes Moscow)
3	**case №3 + adverb**	**Мне** пло́хо. (I feel sick) **Им** тру́дно. (It is difficult for them)

4	**case №3 + need/necessary/have to + infinitive** **case №3 + нýжно/нáдо + infinitive**	**Мне** нýжно учи́ться. (I have to study) *nána*: Пáпе нáдо рабóтать. (My father has to work)
5	**дать** (to give) **писáть** (to write) **дари́ть** (to give a present) **показáть** (to show) **сказáть** (to say/to tell) **помóчь** (to help)	Дáйте **мне** ключ. (Could you give me the key) Скажи́ **мне**, пожáлуйста. (Could you tell me please) Помоги́ **емý**. (Help him)

CASE №4 Вини́тельный падéж (Accusative)

When somebody asks you like ≪Who? (Когó?) / What? (Что?) / Where to? (Кудá?) / When? (=days of week) (Когдá?)≫, it means the answer may contain case №4.

• Как поменя́ть (How to change)

gender	ending of nouns
ОН	**-а/-я/-у*/-ю* (alive)** **(*for nouns like пáпа (father) or дя́дя (uncle)) / =№1 (not alive)**
ОНÁ	**-у/-ю/-ь**
ОНÓ	**=case №1**

• Как испóльзовать (How to use)

0-16

1	**My name is...** **Меня́ зовýт...** я – меня́ ты – тебя́ он – егó онá – её мы – нас вы – вас они́ – их	**Меня́** зовýт Мари́я. (My name is Maria) Как **вас** зовýт? (What is your name?) **Егó** зовýт Хёнсу. (His name is Hyunsoo)

2	**Object** **люби́ть** (to love) **купи́ть** (to buy) **знать** (to know) **чита́ть** (to read) **писа́ть** (to write) **слу́шать** (to listen to) **смотре́ть** (to watch) **есть** (to eat) **пить** (to drink)	*зима́*: Я люблю́ зи́м**у**. (I love winter) Мой друг купи́л компьюте**р**. (My friend bought a computer) Я не зна́ю **её**. (I do not know her) *кни́га*: Брат чита́ет кни́г**у**. (My brother is reading the book) Напиши́ мне письм**о́**. (Write me a letter) Я бу́ду есть су**п** и сала́**т**. (I will eat soup and salad)
3	**When? ➜ day of week** **Когда́? ➜ день неде́ли** понеде́льник – в понеде́льник (Monday – on Monday) вто́рник – во вто́рник (Tuesday – on Tuesday) среда́ – в сре́ду (Wednesday –on Wednesday) четве́рг – в четве́рг (Thursday – on Thursday) пя́тница – в пя́тницу (Friday – on Friday) суббо́та – в суббо́ту (Saturday – on Saturday) воскресе́нье – в воскресе́нье (Sunday – on Sunday)	Наш уро́к **в** понеде́льник и **в** сре́д**у**. (Our lesson is on Monday and on Wednesday) **В** четве́рг у меня́ есть экза́мен. (I have an exam on Thursday) Мой день рожде́ния **в** суббо́т**у**. (My birthday is this Saturday)
4	**Where to? – to…** **Куда́? – в/на...**	*рабо́та*: Я иду́ **на** рабо́т**у**. (I am going to work) За́втра мы е́дем **в** Санкт-Петербу́рг. (We will go to Saint-Petersburg tomorrow)

5	**play + sport** **игра́ть в...** я игра́ю (I play) ты игра́ешь (you play) он (она́) игра́ет (he/she plays) мы игра́ем (we play) вы игра́ете (you play) они́ игра́ют (they play)	Я игра́ю **в** футбо́л. (I play football) Па́па игра́ет **в** голь**ф**. (My father plays golf) Я люблю́ игра́ть **в** бадминто́**н**. (I like to play badminton)

CASE №5 **Твори́тельный падéж** (Instrumental)

When somebody asks you like ≪With whom? (С кем?) / With what? (С чем?) / When? (=seasons) (Когда́?)≫, it means the answer may contain case №5.

• **Как поменя́ть (How to change)**

gender	ending of nouns
ОН	**-ом/-ем/-ой*/-ей*** **(*for nouns like па́пa (father) or дя́дя (uncle))**
ОНÁ	**-ой/-ей/-ью**
ОНÓ	**-ом/-ем**

• **Как испо́льзовать (How to use)**

0-17

1	**(together) with...** **(вмéсте) с...** **говори́ть (to talk)** **гуля́ть (to walk)** я – со мно́й ты – с тобо́й он – с ним она́ – с ней мы – с на́ми вы – с ва́ми они́ – с ни́ми	*друг*: Вчера́ я говори́л **с** дру́г**ом**. (I talked to a friend yesterday) *подру́га*: Я люблю́ гуля́ть **с** подру́г**ой**. (I like to walk with a friend) Мне ну́жно поговори́ть **с ва́ми**. (I need to talk with you)

2	**When? ➜ season** **Когда́? ➜ сезо́н** зима́ – зимо́й (winter – in the winter) весна́ – весно́й (spring – in the spring) ле́то – ле́том (summer – in the summer) о́сень – о́сенью (autumn – in the autumn)	Мой день рожде́ния **ле́том**. (My birthday is in the summer) Я е́ду в Москву́ **зимо́й**. (I will go to Moscow in the winter)
3	**When? ➜ time of day** **Когда́? ➜ вре́мя су́ток** у́тро – у́тром (morning – in the morning) день – днём (afternoon – in the afternoon) ве́чер – ве́чером (evening – in the evening) ночь – но́чью (night – at night)	Наш уро́к **у́тром**. (Our lesson is in the morning) **Ве́чером** бу́дет матч. (The match will be in the evening) Экза́мен **днём**. (The exam will be in the afternoon)
4	**Happy Birthday!** **Merry Christmas!** **Happy New Year!**	*день*: С дн**ём** рожде́ния! *Рождество́*: С Рождеств**о́м**! *Но́вый год*: С Но́в**ым** го́д**ом**!

CASE №6 **Предло́жный паде́ж** (Prepositional)

When somebody asks you like ≪Where? (Где?) / About whom? (О ком?) / About what? (О чём?) / By what? (На чём?) / When? (=months or years) (Когда́?)≫, it means the answer may contain case №6.

• **Как поменя́ть (How to change)**

gender	ending of nouns
ОН	**-е/-у́*** **(*only for a few words such as: в лесу́ (in the forest), на мосту́ (on the bridge), в аэропорту́ (at the airport) etc.)**
ОНА́	**-е/-и**
ОНО́	**-е/-и/-ени*** **(*for nouns like и́мя (name) or вре́мя (time))**

• Как испóльзовать (How to use)

0-18

1	**place or event** (in/at/on)* **мéсто или событие** (в/на)* *Usually we use **в** for the closed places and **на** for the open places or events.	*Сеýл, университéт*: Я живý **в** Сеýле, учýсь **в** университéте. (I live in Seoul and study at the university) *фúрма*: Пáпа рабóтает **в** фúрме. (My father works in a company) *концéрт*: Óля сейчáс **на** концéрте. (Olya is at the concert right now) *лес*: Мы гуля́ли **в** лесý. (We walked in the forest)
2	**transport** **трáнспорт**	*автóбус / машúна / трамвáй / пóезд / метрó:* Я éду **на** автóбусе / машúне / трамвáе / пóезде / метрó*. (I am going by bus/ by car/ by tram/ by train/ by subway) * never change *самолёт*: Нáдо летéть **на** самолёте 2 (два) часá. (We have to fly 2 hours by plane)
3	**object of speech** (about...) **объéкт рéчи** (о...) **говорúть** (to talk) **дýмать** (to think) **расскáзывать** (to tell) я – обо мнé ты – о тебé он – о нём онá – о ней мы – о нас вы – о вас онú – о них	*семья́*: Сегóдня мы говорúли **о** семьé. (Today we talked about family) *рабóта*: Расскажúте **о** рабóте. (Tell us about your work). Расскажú мне **о ней**. (Tell me about her)
4	**When? ➜ month** **Когдá? ➜ мéсяц** янвáрь – в январé (January – in January) фебрáль – в февралé (February – in February) март – в мáрте (March – in March) апрéль – в апрéле (April – in April)	

4	май – в ма́е (May – in May) ию́нь – в ию́не (June – in June) ию́ль – в ию́ле (July – in July) а́вгуст – в а́вгусте (August – in August) сентя́брь – в сентябре́ (September – in September) октя́брь – в октябре́ (October – in October) ноя́брь – в ноябре́ (November – in November) дека́брь – в декабре́ (December – in December)	Мой день рожде́ния **в** **январ**е́. (My birthday is in January) Я е́ду в Росси́ю **в** **ию́н**е. (I will go to Russia in June)
5	**play + musical instrument** **игра́ть на...** я игра́ю (I play) ты игра́ешь (you play) он (она́) игра́ет (he/she plays) мы игра́ем (we play) вы игра́ете (you play) они́ игра́ют (they play)	*гита́ра*: Я игра́ю **на** гита́ре. (I play guitar) Моя́ подру́га игра́ет **на** пиани́но*. (My friend plays piano) * never change

When we change **adjectives** and **possessive pronouns** which depend on nouns, we remove two last letters (for adjectives) or one last letter (for pronouns) and add **special endings**. Look at these special endings.

CASE №2 **Роди́тельный паде́ж** (Genitive)

0-19

gender	ending of adjectives
ОН / ОНО́	**-ого/-его** *большо́й*: Здесь нет больш**о́го** магази́на. (There is no a big shop)
ОНА́	**-ой/-ей** *Кра́сная*: Как дое́хать до Кра́сн**ой** пло́щади? (How to get to the Red Square?)

CASE №3 **Да́тельный паде́ж** (Dative)

0-20

gender	ending of adjectives
ОН / ОНО́	**-ому/-ему** *мой, ста́рший*: Мо**ему́** ста́рш**ему** бра́ту 28 лет. (My older brother is 28 years old)
ОНА́	**-ой/-ей** *моя́, мла́дшая*: Мо**е́й** мла́дш**ей** сестре́ 22 го́да. (My younger sister is 22 years old)

CASE №4 **Вини́тельный паде́ж** (Accusative)

0-21

gender	ending of adjectives
ОН	**-ого/-его (alive)** *твой*: Я зна́ю тво**его́** бра́та. (I know your brother) **=case №1 (not alive)** За́втра мы идём в Ру́сск**ий** музе́й. (Tomorrow we will go to the Russian Museum)
ОНА́	**-ую/-юю** *жа́ркая*: Я люблю́ жа́рк**ую** пого́ду. (I like hot weather)
ОНО́	**=case №1** Я написа́л дли́нн**ое** письмо́. (I wrote a long letter)

CASE №5 Твори́тельный паде́ж (Instrumental)

0-22

gender	ending of adjectives
ОН / ОНО́	**-ым/-им** *Но́вый*: С Но́в**ым** го́дом! (Happy New Year!)
ОНА́	**-ой/-ей** *моя́*: Мне нра́вится гуля́ть с мо**е́й** подру́гой. (I like to walk with my friend)

CASE №6 Предло́жный паде́ж (Prepositional)

0-23

gender	ending of adjectives
ОН / ОНО́	**-ом/-ем** *ма́ленький*: Я живу́ в ма́леньк**ом** го́роде. (I live in a small city)
ОНА́	**-ой/-ей** *ва́ша*: Расскажи́те о ва́ш**ей** семье́. (Tell me about your family)

ГЛАГО́ЛЫ
VERBS

ИНФИНИТИ́В. НАСТОЯ́ЩЕЕ ВРЕ́МЯ.
INFINITIVE. PRESENT TENSE.

The basic form for verbs is **infinitive**. The infinitive forms end in **–ть(ся)/-ти/-чь**: for example, рабо́та**ть** (to work), говори́**ть** (to speak, to talk, to say), учи́**ться** (to study), вой**ти́** (to come in), пе**чь** (to bake) etc.

We use the infinitive form especially after verbs *люби́ть* (to love), *хоте́ть* (to want): Я люблю́ учи́**ться** (I like to study); Я хочу́ рабо́та**ть** (I want to work).

The infinitive form is also used in phrases to mean possibility, impossibility and necessity, with words such as: *мо́жно* (it is possible), *нельзя́* (it is impossible), *на́до* (it is necessary):

Мо́жно вой**ти́**? (May I come in?)

Нельзя́ кури́**ть**! (No smoking!)

На́до рабо́та**ть** (I have to work).

The question for the infinitive form is ≪Что (с)де́лать?≫ (What to do?).

When we talk about ourselves we often use verbs in the **Present Tense**. These verbs point to the action that is taking place right now or the actions that take place regularly.

Look at the following forms for the verbs **учи́ться** (to study) and **рабо́тать** (to work).

First of all, you should **remove** –**ть** and **add** special **endings**.

0-24

я учу́сь (I study)	мы у́ч**имся** (we study)
ты у́ч**ишься** (you study)	**вы у́читесь** (you study)
он(а́) у́ч**ится** (he/she studies)	они́ у́ч**атся** (they study)

я рабо́таю (I work)	мы рабо́та**ем** (we work)
ты рабо́та**ешь** (you work)	**вы рабо́таете (you work)**
он(а́) рабо́та**ет** (he/she works)	они рабо́та**ют** (they work)

These two verbs are used with the question *where? (где?)*. The answer is the **case №6**.

Вопрóс **Question**	**Отвéт** **Answer**
Где **вы** ýчитесь? Где **ты** ýчишься? (Where do you study?)	Я учýсь + где? (университéт) ➜ Я учýсь **в** университéте. (I study at the university)
Где **вы** рабóта**ете**? Где **ты** рабóта**ешь**? (Where do you work?)	Я рабóта**ю** + где? (фи́рма) ➜ Я рабóтаю **в** фи́рме. (I work at the company)

You can see that verbs in the Present Tense form have a special ending letters. Let's write it once again. Note that there are *two types* of endings:

я	-у (usually after в, ж, ш, ч, щ, з) /-ю	**мы**	**-им[1]/-ем[2]**
ты	**-ишь[1]/-ешь[2]**	**вы**	**-ите[1]/-ете[2]**
он **онá** **онó**	**-ит[1]/-ет[2]**	**они́**	**-ат/-ят[1]** **-ут/-ют[2]**

When the infinitive ends in –ить, we add the Present Tense form endings, according to the *first* type.

0-25

Инфинити́в **Infinitive form**	**Настоя́щее врéмя** **Present Tense form**	
говори́ть[1] (to speak/to say)	я говор**ю́** (I speak) ты говор**и́шь** (you speak) он(á) говор**и́т** (he/she speaks)	мы говор**и́м** (we speak) вы говор**и́те** (you speak) они́ говор**я́т** (they speak)

When the infinitives end in –ать/–ять/–еть, we add the Present Tense form endings, according to the *second* type below.

0-26

Инфинити́в Infinitive form	Настоя́щее вре́мя Present Tense form	
покуп**а́ть**[2] (to buy)	я покупá**ю** (I buy) ты покупá**ешь** (you buy) он(á) покупá**ет** (he/she buys)	мы покупá**ем** (we buy) вы покупá**ете** (you buy) они́ покупá**ют** (they buy)
поздравл**я́ть**[2] (to congratulate)	я поздравля́**ю** (I congratulate) ты поздравля́**ешь** (you congratulate) он(á) поздравля́**ет** (he/she congratulates)	мы поздравля́**ем** (we congratulate) вы поздравля́**ете** (you congratulate) они́ поздравля́**ют** (they congratulate)
ум**е́ть**[2] (to be able to/to know how to/can)	я умé**ю** (I can/I know how to) ты умé**ешь** (you can/you know how to) он(á) умé**ет** (he/she can/ he/she knows how to)	мы умé**ем** (we can/we know how to) вы умé**ете** (you can/you know how to) они́ умé**ют** (they can/they know how to)

This rule works for the regular verbs only.

Read once again the information about verbs *учи́ться* (to study) and *рабо́тать* (to work) which we have already studied about.

The questions for the Present Tense forms are:

Что **я** дéла**ю**? (What I am doing?/What do I do?)	Что **мы** дéла**ем**? (What are we doing?/What do we do?)
Что **ты** дéла**ешь**? (What are you doing?/ What do you do?)	Что **вы** дéла**ете**? (What are you doing?/What do you do?)
Что **он(á)** дéла**ет**? (What he/she is doing?/ What does he/she do?)	Что **они́** дéла**ют**? (What are they doing?/What do they do?)

Зада́ние 8. **Образу́йте фо́рму настоя́щего вре́мени от глаго́лов.**

Exercise 8. **Make the Present Tense form from the following verbs.**

чита́ть[2] (to read)	я чита́ю ты чита́ешь он(á)	мы вы они́ чита́ют
слу́шать[2] (to listen to)	я слу́шаю ты слу́шаешь он(á)	мы вы они́ слу́шают
ду́мать[2] (to think)	я ду́маю ты ду́маешь он(á)	мы вы они́ ду́мают
люби́ть[1] (to love)	я люблю́ ты лю́бишь он(á)	мы вы они́ лю́бят
де́лать[2] (to do/to make)	я де́лаю ты де́лаешь он(á)	мы вы они́ де́лают
игра́ть[2] (to play)	я игра́ю ты игра́ешь он(á)	мы вы они́ игра́ют
звони́ть[1] (to call)	я звоню́ ты звони́шь он(á)	мы вы они́ звоня́т
знать[2] (to know)	я зна́ю ты зна́ешь он(á)	мы вы они́ зна́ют
приглаша́ть[2] (to invite)	я приглаша́ю ты приглаша́ешь он(á)	мы вы они́ приглаша́ют

Sometimes the Present Tense describes an action in the future. Look at the following examples:

е́хать (to go): За́втра я **е́ду** в Москву́ (Tomorrow I will go to Moscow).

игра́ть (to play): Сего́дня он игра́**ет** в футбо́л (He will play football today).
де́лать (to do): Что ты де́ла**ешь** за́втра? (What will you do tomorrow?)

0-27 **Зада́ние 9. Слу́шайте и повторя́йте.**
Exercise 9. Listen and repeat.

Я...
Я учу́сь...
Я учу́сь в университе́те.
(I study at the university)

Я...
Я рабо́таю...
Я рабо́таю в фи́рме.
(I work in a company)

Я...
Я чита́ю...
Я чита́ю письмо́.
(I am reading a letter)

Я...
Я говорю́...
Я говорю́ с дру́гом.
(I am talking to my friend)

Ты...
Ты покупа́ешь...
Ты покупа́ешь во́ду?
(Do you buy bottled water?)

Я...
Я слу́шаю...
Я слу́шаю му́зыку.
(I am listening to the music)

Как...

Как вы ду́маете?

(How do you think?)

Я...

Я люблю́...

Я люблю́ тебя́.

(I love you)

Что...

Что ты...

Что ты де́лаешь...

Что ты де́лаешь сего́дня?

(What will you do today?)

Мой друг...

Мой друг игра́ет...

Мой друг игра́ет на компью́тере.

(My friend plays on the computer)

Поздравля́ю...

Поздравля́ю с днём рожде́ния!

(Happy Birthday!)

ПРОШЁДШЕЕ ВРЕ́МЯ
PAST TENSE

When you talk about yesterday's situation or about the situation that happened before, you should use verbs in the Past Tense. Look at the following forms for the verbs **учи́ться** (to study) and **рабо́тать** (to work).

0-28

я учи́лся/учи́лась (I studied)	мы учи́лись (we studied)
ты учи́лся/учи́лась (you studied)	**вы учи́лись** (you studied)
он(á) учи́лся/учи́лась (he/she studied)	они́ учи́лись (they studied)

я рабо́тал/рабо́тала (I worked)	мы рабо́тали (we worked)
ты рабо́тал/рабо́тала (you worked)	**вы рабо́тали** (you worked)
он(á) рабо́тал/рабо́тала (he/she worked)	они́ рабо́тали (they worked)

To form the Past Tense you should **remove** the last **two letters** from the infinitive, and **add** the following **endings**:

ОН	ОНÁ	ОНÓ	ВЫ
-л(ся)	-ла(сь)	-ло(сь)	-ли(сь)

The questions for the Past Tense forms are ≪Что ты де́лал(а)? Что вы де́лали?≫ (What did you do?).

Что **я** де́лал**(а)**? (What did I do?)	Что **мы** де́ла**ли**? (What did we do?)
Что **ты** де́лал**(а)**? (What did you do?)	Что **вы** де́ла**ли**? (What did you do?)
Что **он(á)** де́лал**(а)**? (What did he/she do?)	Что **они́** де́ла**ли**? (What did they do?)

Зада́ние 10. Образу́йте фо́рму проше́дшего вре́мени от глаго́лов.

Exercise 10. Make the Past Tense form from the following verbs.

	ОН	ОНÁ	ВЫ
чита́ть (to read)	чита́л	чита́ла	
гуля́ть (to walk)			гуля́ли

е́здить (to go/travel – use transport)		е́здила	
покупа́ть (to buy)			
слу́шать (to listen to)			
люби́ть (to love)			
де́лать (to do)			
игра́ть (to play)			
звони́ть (to call)			
путеше́ствовать (to travel)			
жить (to live)			
пить (to drink)			
знать (to know)			

Зада́ние 11. Слу́шайте и повторя́йте.
0-29
Exercise 11. Listen and repeat.

Я...

Я учи́лся...

Я учи́лся в университе́те.

(I studied at the university)

Я...

Я рабо́тал...

Я работáл в фи́рме.
(I worked in a company)

Я...
Я читáл...
Я читáл кни́гу.
(I read the book)

Мы...
Мы гуля́ли...
Мы гуля́ли в пáрке.
(We walked in the park)

Я...
Я слу́шал...
Я слу́шал му́зыку.
(I listened to the music)

Я...
Я люби́л...
Я люби́л тебя́.
(I loved you)

Что...
Что вы...
Что вы дéлали...
Что вы дéлали вчерá?
(What did you do yesterday?)

Мой друг...
Мой друг игрáл...
Мой друг игрáл на компью́тере.
(My friend played on the computer)

БУ́ДУЩЕЕ ВРЕ́МЯ
FUTURE TENSE

быть (в бу́дущем вре́мени) + инфинити́в
to be (in the Future Tense) + infinitive

To form the Future Tense we have to know about the verb **быть** (to be), and how to change this verb in to the Future Tense.

0-30

я бу́ду (I will)	мы бу́дем (we will)
ты бу́дешь (you will)	**вы бу́дете** (you will)
он(а́) бу́дет (he/she will)	они́ бу́дут (they will)

Look at the following forms for verbs **учи́ться** (to study) and **рабо́тать** (to work).

0-31

я бу́ду учи́ться (I will study)	мы бу́дем учи́ться (we will study)
ты бу́дешь учи́ться (you will study)	**вы буде́те учи́ться** (you will study)
он(а́) бу́дет учи́ться (he/she will study)	они́ бу́дут учи́ться (they will study)

я бу́ду рабо́тать (I will work)	мы бу́дем рабо́тать (we will work)
ты бу́дешь рабо́тать (you will work)	**вы бу́дете рабо́тать** (you will work)
он(а́) бу́дет рабо́тать (he/she will work)	они́ бу́дут рабо́тать (they will work)

The questions for the Future Tense forms are the following:

Что я **бу́ду де́лать**? (What will I do?)	Что мы **бу́дем де́лать**? (What will we do?)
Что ты **бу́дешь де́лать**? (What will you do?)	Что вы **бу́дете де́лать**? (What will you do?)
Что он(а́) **бу́дет де́лать**? (What will he/she do?)	Что они́ **бу́дут де́лать**? (What will they do?)

Зада́ние 12. Образу́йте фо́рму бу́дущего вре́мени от глаго́лов.

Exercise 12. Make the Future Tense form from the following verbs.

чита́ть (to read)	я бу́ду чита́ть ты бу́дешь чита́ть он(á) бу́дет чита́ть	мы вы они́
говори́ть (to speak)	я бу́ду говори́ть ты он(á)	мы вы они́
смотре́ть (to watch)	я бу́ду смотре́ть ты он(á)	мы вы они́
гуля́ть (to walk)	я ты он(á)	мы вы они́
слу́шать (to listen to)	я ты он(á)	мы вы они́
де́лать (to do)	я ты он(á)	мы вы они́
игра́ть (to play)	я ты он(á)	мы вы они́
путеше́ствовать (to travel)	я ты он(á)	мы вы они́
жить (to live)	я ты он(á)	мы вы они́
пить (to drink)	я ты он(á)	мы вы они́

есть (to eat)	я ты он(á)	мы вы онú

Задáние 13. Слу́шайте и повторя́йте.

0-32 **Exercise 13. Listen and repeat.**

Я...

Я бу́ду...

Я бу́ду учи́ться в университе́те.

(I will study at the university)

Я...

Я бу́ду...

Я бу́ду рабо́тать в фи́рме.

(I will work in a company)

Я...

Я бу́ду...

Я бу́ду говори́ть по-ру́сски хорошо́.

(I will speak Russian well)

Она́...

Она́ бу́дет...

Она́ бу́дет смотре́ть фильм.

(She will watch a film)

Мы...

Мы бу́дем...

Мы бу́дем гуля́ть в па́рке.

(We will walk in the park)

Я...

Я бу́ду...

Я бу́ду слу́шать му́зыку.

(I will listen to the music)

Я...

Я бу́ду...

Я бу́ду люби́ть...

Я бу́ду люби́ть тебя́ всегда́.

(I will always love you)

Что...

Что ты...

Что ты бу́дешь де́лать...

Что ты бу́дешь де́лать за́втра?

(What will you do tomorrow?)

За́втра...

За́втра я...

За́втра я бу́ду...

За́втра я бу́ду игра́ть....

За́втра я бу́ду игра́ть на компью́тере.

(Tomorrow I will play on the computer).

Я...

Я бу́ду...

Я бу́ду жить...

Я бу́ду жить в Москве́.

(I will live in Moscow)

Ле́том...

Ле́том я бу́ду...

Ле́том я бу́ду путеше́ствовать.

(I will travel in the summer)

Я бу́ду...

Я бу́ду пить...

Я бу́ду пить во́ду.
(I will drink water)

Я бу́ду...

Я бу́ду есть...

Я бу́ду есть борщ.
(I will eat borscht/red-beet soup)

НАРЕ́ЧИЯ
ADVERBS

In Russian language there are some types of adverbs.

Usually adverbs end in **-о** or **-ки**.

Please, remember that when we change the form (adjective ➜ adverb) the stress often changes.

0-33

бы́стрый (quick, fast) ➜ бы́стр**о**

дешёвый (cheap) ➜ дёшев**о**

дорого́й (expensive) ➜ до́рог**о**

краси́вый (beautiful) ➜ краси́в**о**

ме́дленный (slow) ➜ ме́дленн**о**

плохо́й (bad) ➜ пло́х**о**

холо́дный (cold) ➜ хо́лодн**о**

хоро́ший (good) ➜ хорош**о́**

ру́сский язы́к (Russian language) ➜ Я говорю́ по-ру́сс**ки** (I speak Russian).

англи́йский язы́к (English language) ➜ Я говорю́ по-англи́йс**ки** (I speak

English).

коре́йский язы́к (Korean language) ➔ Я говорю́ по-коре́йс**<u>ки</u>** (I speak Korean).

италья́нский язы́к (Italian language) ➔ Я говорю́ по-италья́нс**<u>ки</u>** (I speak Italian).

неме́цкий язы́к (German language) ➔ Я говорю́ по-неме́ц**<u>ки</u>** (I speak German).

The question for the adverbs is ≪Как? / На како́м языке́?≫ (How? / In what language?).

Я зна́ю + что? I know + what?	**Я говорю́ + как?** I speak + in what language?
Я зна́ю ру́сский язы́к. I know Russian language.	**Я говорю́ по-ру́сски.** I speak Russian.
Я зна́ю коре́йский язы́к. I know Korean language.	**Я говорю́ по-коре́йски.** I speak Korean.

Зада́ние 14. **Образу́йте наре́чия от прилага́тельных.**

Exercise 14. **Form adverbs from the following adjectives.**

гро́мкий (loud) ➔

жа́ркий (hot) ➔

интере́сный (interesting) ➔

лёгкий (easy) ➔

ми́лый (cute) ➔

ти́хий (quiet) ➔

тру́дный (difficult, hard) ➔

япо́нский (язы́к) (Japanese language) ➔

кита́йский (язы́к) (Chinese language) ➔

францу́зский (язы́к) (French language) ➔

Зада́ние 15. Слу́шайте и повторя́йте.
Exercise 15. Listen and repeat.

0-34

Э́то...

Э́то о́чень до́рого.

(This is very expensive)

Здесь...

Здесь краси́во!

(It is beautiful here!)

В Росси́и...

В Росси́и зимо́й...

В Росси́и зимо́й хо́лодно.

(In Russia it is cold in the winter)

Я...

Я говорю́...

Я говорю́ по-ру́сски...

Я говорю́ по-ру́сски хорошо́.

(I speak Russian well)

Я...

Я не говорю́...

Я не говорю́ по-англи́йски.

(I do not speak English)

Сего́дня...

Сего́дня жа́рко.

(Today's weather is hot)

Вы...

Вы говори́те...

Вы говори́те по-коре́йски?

(Do you speak Korean?)

Тéма
Topic
1

О СЕБÉ
ABOUT YOURSELF

ЙМЯ
NAME

Ктó вы? – Я	Who are you? – I am ... .

1-1

Задáние 1. **Прочитáйте и переведúте диалóги.**

Exercise 1. **Read and translate the following dialogs.**

1. – Здрáвствуйте! Ктó вы?
   – Здрáвствуйте! Я Сухён. Я студéнт. (I am a student: M)

2. – Дóбрый день! (Good afternoon!) Ктó вы?
   – Здрáвствуйте! Я Суён. Я студéнтка. (I am a student: F)

Задáние 2. **Допóлните диалóги.**

Exercise 2. **Complete the following dialogs.**

1. – ________________! Кто́ вы?

– ________________! Я Хёнмук. Я ______________ .

2. – До́брый ___________! Кто́ вы?

– ________________! Я Хёна. Я ______________ .

Кто вы? VS Как вас зову́т?
Who are you? VS What is your name?

In real everyday's conversation we do not often say: **Кто́ вы?** (Who are you?).

If you translate English sentence "What is your name?" word by word into Russian, you will get: **Как(о́е) ва́ше и́мя?**

➜ как(о́е) = what

➜ ва́ше = your

➜ и́мя = name

Instead **Кто́ вы?** we usually ask **Как тебя́ (вас) зову́т?** (How (people) call you?) when we would like to know your name. This sentence is the most natural form.

➜ как = how

➜ тебя́/вас = you

➜ зову́т = call

This question and answer for this situation requares case №4 for pronouns.

я ➜ **меня́**	мы ➜ **нас**
ты ➜ **тебя́**	вы ➜ **вас**
он ➜ **его́**	
она́ ➜ **её**	они́ ➜ **их**
оно́ ➜ **его́**	

Меня́ зову́т...

Меня́ зову́т	My name is ... .

1-2

Зада́ние 3. Прочита́йте и переведи́те диало́ги.

Exercise 3. Read and translate the following dialogs.

1. – Здра́вствуйте! Как вас зову́т?
   – Здра́вствуйте! Меня́ зову́т Сухён.

2. – До́брое у́тро! (Good morning!) Как вас зову́т?
   – Здра́вствуйте! Меня́ зову́т Суён.

Зада́ние 4. Допо́лните диало́ги.

Exercise 4. Complete the following dialogs.

1. – ________________! Как __________ зову́т?
   – ________________! _______ __________ Хёнмук.

2. – До́брый __________! Как __________ зову́т?
   – ________________! _______ __________ Хёна.

1-3

Зада́ние 5. Слу́шайте и повторя́йте.

Exercise 5. Listen and repeat.

Здра́вствуйте!..

Здра́вствуйте! Меня́ зову́т...

Здра́вствуйте! Меня́ зову́т Минхо...

Здра́вствуйте! Меня́ зову́т Минхо. Я студе́нт.

(Hello! My name is Minho. I am a student).

Дóбрый день!..

Дóбрый день! Меня́ зову́т...

Дóбрый день! Меня́ зову́т Сохи...

Дóбрый день! Меня́ зову́т Сохи. Я студéнтка.
(Good afternoon! My name is Sohee. I am a student).

Задáние 6. **Расскажи́те о себé.**
Exercise 6. **Introduce yourself.**

Как предстáвить своегó дру́га/свою́ подру́гу
How to introduce my friend

OH	**мой**	my
OHÁ	**моя́**	
OHÓ	**моё**	
OHИ́	**мои́**	

Задáние 7. **Прочитáйте и переведи́те предложéния.**
1-4 **Exercise 7.** **Read and translate the following sentences.**

Здрáвствуйте! Э́то мой друг (friend: M). Егó зову́т Минхо.

Здрáвствуйте! Э́то моя́ подру́га (friend: F). Её зову́т Сохи.

Задáние 8. **Слу́шайте и повторя́йте.**
1-5 **Exercise 8.** **Listen and repeat.**

Здрáвствуйте!..

Здрáвствуйте! Э́то мой друг...

Здрáвствуйте! Э́то мой друг. Егó зову́т Минхо.
(Hello! This is my friend. His name is Minho).

Здра́вствуйте!..

Здра́вствуйте! Э́то моя́ подру́га...

Здра́вствуйте! Э́то моя́ подру́га. Её зову́т Сохи.
(Hello! This is my friend. Her name is Sohee).

Зада́ние 9. **Расскажи́те о ва́шем дру́ге (о ва́шей подру́ге).**

Exercise 9. **Introduce your friend.**

Зада́ние 10. **Посмотри́те на фо́то и отве́тьте на вопро́сы: ≪Как его́ зову́т? Как её зову́т?≫**

Exercise 10. **Look at the pictures and answer the questions: «What is his name? What is her name?»**

Мари́я

Алексе́й

Макси́м

Ири́на

ВО́ЗРАСТ
AGE

When somebody asks you ≪**Ско́лько тебе́ (вам) лет?**≫, it means he/she is asking about your age.

If we translate the Russian question into English word by word, we will get:

➔ ско́лько = how much/how many

➔ тебе́/вам = you

➔ лет = years

For this question and answer, in this situation it requares <u>**case №3**</u> for the pronouns.

я ➔ **мне**	мы ➔ **нам**
ты ➔ **тебе́**	вы ➔ **вам**
он ➔ **ему́** она́ ➔ **ей**	они́ ➔ **им**

You should know that for talking about age we use 3 forms for the noun '**год**' (year) which depends on the numbers.

1	**год**
2–4	**го́да**
5–20, 30, 40, 50..., 100...	**лет**

Мне ... год (го́да, лет).

Мне ... год (го́да, лет).	**I am … years old.**

For the answers you should memorize these numbers (**cardinal numerals**).

1-6

0	ноль
1	оди́н
2	два
3	три
4	четы́ре
5	пять
6	шесть
7	семь
8	во́семь
9	де́вять
10	де́сять
11	оди́ннадцать
12	двена́дцать
13	трина́дцать
14	четы́рнадцать
15	пятна́дцать
16	шестна́дцать
17	семна́дцать
18	восемна́дцать
19	девятна́дцать
20	два́дцать
30	три́дцать
40	со́рок
50	пятьдеся́т
60	шестьдеся́т
70	се́мьдесят
80	во́семьдесят
90	девяно́сто
100	сто

1-7 Задáние 11. **Прочитáйте и переведúте диалóги.**

Exercise 11. Read and translate the following dialogs.

1. – Скóлько вам лет?

   – Мне 25 (двáдцать пять) лет.

2. – Скóлько тебé лет?

   – Мне 21 (двáдцать одúн) год.

Задáние 12. **Допóлните диалóги.**

Exercise 12. Complete the following dialogs.

1. – Скóлько вам лет?

   – Мне 20 (__________________) _________.

2. – Скóлько тебé лет?

   – Мне 32 (__________________) _________.

1-8 Задáние 13. **Слýшайте и повторя́йте.**

Exercise 13. Listen and repeat.

Здрáвствуйте!..

Здрáвствуйте! Меня́ зовýт Минхо...

Здрáвствуйте! Меня́ зовýт Минхо. Мне 22 гóда...

Здрáвствуйте! Меня́ зовýт Минхо. Мне 22 гóда. Я студéнт.
(Hello! My name is Minho. I am 22 years old. I am a student).

Дóбрый день!..

Дóбрый день! Меня́ зовýт Сохи...

Дóбрый день! Меня́ зовýт Сохи. Мне 27 лет...

Дóбрый день! Меня́ зовýт Сохи. Мне 27 лет. Я студéнтка.
(Good afternoon! My name is Sohee. I am 27 years old. I am a student).

Зада́ние 14. Расскажи́те о себе́.
Exercise 14. Introduce yourself.

Как представи́ть своего́ дру́га/свою́ подру́гу
How to introduce my friend

Его́ зову́т ... / Её зову́т	His name is ... / Her name is … .
Ему́ ... / Ей ... (год/го́да/лет).	He is … / She is … (years old).

1-9
Зада́ние 15. Прочита́йте и переведи́те предложе́ния.
Exercise 15. Read and translate the following sentences.

Здра́вствуйте! Э́то мой друг. Его́ зову́т Минхо. Ему́ 22 го́да.

Здра́вствуйте! Э́то моя́ подру́га. Её зову́т Сохи. Ей 27 лет.

1-10
Зада́ние 16. Слу́шайте и повторя́йте.
Exercise 16. Listen and repeat.

Здра́вствуйте!..

Здра́вствуйте! Э́то мой друг...

Здра́вствуйте! Э́то мой друг. Его́ зову́т Минхо...

Здра́вствуйте! Э́то мой друг. Его́ зову́т Минхо. Ему́ 22 го́да.

(Hello! This is my friend. His name is Minho. He is 22 years old).

Здра́вствуйте!..

Здра́вствуйте! Э́то моя́ подру́га...

Здра́вствуйте! Э́то моя́ подру́га. Её зову́т Сохи...

Здра́вствуйте! Э́то моя́ подру́га. Её зову́т Сохи. Ей 27 лет.

(Hello! This is my friend. Her name is Sohee. She is 27 years old).

Зада́ние 17. **Расскажи́те о ва́шем дру́ге (о ва́шей подру́ге).**

Exercise 17. **Introduce your friend.**

Зада́ние 18. **Посмотри́те на фо́то и отве́тьте на вопро́сы: ≪Ско́лько ему́ лет? Ско́лько ей лет?≫**

Exercise 18. **Look at the pictures and answer the questions: ≪How old he is? How old she is?≫**

78 ____

2 ____

30 ____

24 ____

НАЦИОНА́ЛЬНОСТЬ
NATIONALITY

1-11

СТРАНА́ country **case №1**	**ЯЗЫ́К** language	**ОН** he	**ОНА́** she	**ОНИ́** they	**Отку́да вы?** Where are you from? **Я из... + case №2** I am from... + case №2
Аме́рика America	англи́йский язы́к	америка́нец	америка́нка	америка́нцы	Я из Аме́рик**и**.
Вьетна́м Vietnam	вьетна́мский язы́к	вьетна́мец	вьетна́мка	вьетна́мцы	Я из Вьетна́м**а**.
Герма́ния Germany	неме́цкий язы́к	не́мец	не́мка	не́мцы	Я из Герма́ни**и**.
Ита́лия Italy	италья́нский язы́к	италья́нец	италья́нка	италья́нцы	Я из Ита́ли**и**.
Казахста́н Kazakhstan	каза́хский язы́к	каза́х	каза́шка	каза́хи	Я из Казахста́н**а**.
Кита́й China	кита́йский язы́к	кита́ец	китая́нка	кита́йцы	Я из Кита́**я**.
Коре́я Korea	коре́йский язы́к	коре́ец	корея́нка	коре́йцы	Я из Коре́**и**.
Монго́лия Mongolia	монго́льский язы́к	монго́л	монго́лка	монго́лы	Я из Монго́ли**и**.
Росси́я Russia	ру́сский язы́к	ру́сский	ру́сская	ру́сские	Я из Росси́**и**.
Узбекиста́н Uzbekistan	узбе́кский язы́к	узбе́к	узбе́чка	узбе́ки	Я из Узбекиста́н**а**.
Фра́нция France	францу́зский язы́к	францу́з	францу́женка	францу́зы	Я из Фра́нци**и**.
Япо́ния Japan	япо́нский язы́к	япо́нец	япо́нка	япо́нцы	Я из Япо́ни**и**.

Зада́ние 19. Прочита́йте и переведи́те предложе́ния.
Exercise 19. Read and translate the following sentences.

Я коре́ец. Я из Коре́и. ➜

Я япо́нка. Я из Япо́нии. ➜

Я китая́нка. Я из Кита́я. ➜

Я ру́сский. Я из Росси́и. ➜

Я францу́з. Я из Фра́нции. ➜

Я америка́нка. Я из Аме́рики. ➜

Зада́ние 20. Слу́шайте и повторя́йте.
1-12
Exercise 20. Listen and repeat.

Здра́вствуйте!..

Здра́вствуйте! Меня́ зову́т Ким Хонмин...

Здра́вствуйте! Меня́ зову́т Ким Хонмин. Мне 20 лет...

Здра́вствуйте! Меня́ зову́т Ким Хонмин. Мне 20 лет. Я коре́ец...

Здра́вствуйте! Меня́ зову́т Ким Хонмин. Мне 20 лет. Я коре́ец. Я из Коре́и. О́чень прия́тно!
(Hello! My name is Kim Hongmin. I am 20 years old. I am Korean. I am from Korea. Nice to meet you!)

Здра́вствуйте!..

Здра́вствуйте! Меня́ зову́т Юй Цзин...

Здра́вствуйте! Меня́ зову́т Юй Цзин. Мне 21 год...

Здра́вствуйте! Меня́ зову́т Юй Цзин. Мне 21 год. Я китая́нка...

Здра́вствуйте! Меня́ зову́т Юй Цзин. Мне 21 год. Я китая́нка. Я из Кита́я. О́чень прия́тно!
(Hello! My name is Yu Jing. I am 21 years old. I am Chinese. I am from China. Nice to meet you!)

Здра́вствуйте!..

Здра́вствуйте! Меня́ зову́т Томохиро...

Здра́вствуйте! Меня́ зову́т Томохиро. Мне 23 го́да.

Здра́вствуйте! Меня́ зову́т Томохиро. Мне 23 го́да. Я япо́нец...

Здра́вствуйте! Меня́ зову́т Томохиро. Мне 23 го́да. Я япо́нец. Я из Япо́нии. О́чень прия́тно!
(Hello! My name is Tomohiro. I am 23 years old. I am Japanese. I am from Japan. Nice to meet you!)

Здра́вствуйте!..

Здра́вствуйте! Меня́ зову́т Ири́на...

Здра́вствуйте! Меня́ зову́т Ири́на. Мне 27 лет...

Здра́вствуйте! Меня́ зову́т Ири́на. Мне 27 лет. Я ру́сская...

Здра́вствуйте! Меня́ зову́т Ири́на. Мне 27 лет. Я ру́сская. Я из Росси́и. О́чень прия́тно!
(Hello! My name is Irina. I am 27 years old. I am Russian. I am from Russia. Nice to meet you!)

1-13

Зада́ние 21. **Прочита́йте и переведи́те те́ксты. Подчеркни́те слова́, стоя́щие в фо́рме падежа́ №1.**

Exercise 21. **Read and translate the following texts. Underline the words which are in case №1.**

1. До́брый день! Меня́ зову́т Хёнмук. Мне 26 лет. Я коре́ец. Я из Коре́и. Я студе́нт. О́чень прия́тно!
2. До́брое у́тро! Меня́ зову́т Чжао Вэй. Мне 31 год. Я китая́нка. Я из Кита́я. О́чень прия́тно!

Зада́ние 22. **Расскажи́те о себе́.**

Exercise 22. **Introduce yourself.**

СЕМЬЯ́
FAMILY

Зада́ние 23. Прочита́йте и переведи́те предложе́ния.
Exercise 23. Read and translate the following sentences.

Э́то моя́ семья́ (family). ➜

Э́то моя́ ма́ма (mother). ➜

Э́то мой па́па (father). ➜

Э́то мой брат (brother). ➜

Э́то моя́ сестра́ (sister). ➜

Э́то мой де́душка (grandfather). ➜

Э́то моя́ ба́бушка (grandmother). ➜

Э́то мой дя́дя (uncle). ➜

Э́то моя́ тётя (aunt). ➜

Э́то мой муж (husband). ➜

Э́то моя́ жена́ (wife). ➜

Э́то моя́ ко́шка (cat: F). ➜

Э́то мой кот (cat: M). ➜

Э́то моя́ соба́ка (dog). ➜

1-14 **Зада́ние 24. Слу́шайте и повторя́йте.**
Exercise 24. Listen and repeat.

Здра́вствуйте!..

Здра́вствуйте! Э́то моя́ семья́...

Здра́вствуйте! Э́то моя́ семья́. Э́то мой па́па...

Здра́вствуйте! Э́то моя́ семья́. Э́то мой па́па. Э́то моя́ ма́ма...

Здра́вствуйте! Э́то моя́ семья́. Э́то мой па́па. Э́то моя́ ма́ма. Э́то мой брат...

Здра́вствуйте! Э́то моя́ семья́. Э́то мой па́па. Э́то моя́ ма́ма. Э́то мой брат. Э́то я.
(Hello! This is my family. This is my father. This is my mother. This is my brother. It is me).

ПРОФЕ́ССИЯ
PROFESSION

To talk about yourself, family or friends, you should know the different professions. Some professions/jobs you can find right below:

1-15

о́фисный рабо́тник	office worker
бизнесме́н	businessman/CEO
врач	doctor
экономи́ст	economist
юри́ст	lawyer
учи́тель	teacher
преподава́тель	lecturer
продаве́ц	seller
води́тель	(bus/taxi) driver
перево́дчик	interpreter, translator
диплома́т	diplomat
актёр/актри́са	actor/actress
певе́ц/певи́ца	singer (M, F)
режиссёр	director, producer
бло́гер	blogger
домохозя́йка	housewife
пенсионе́р	pensioner/retiree
шко́льник шко́льница	schoolboy schoolgirl

Зада́ние 25. **Посмотри́те на фо́то и отве́тьте на вопро́с: 《Кто́ это?》**

Exercise 25. **Look at pictures and answer the question: 《Who is it?》**

1. ____________________

2. ____________________

3. ____________________

4. ____________________

5. ____________________

6. ____________________

7. ________________

8. ________________

1-16

Зада́ние 26. **Прочита́йте и переведи́те те́ксты. Подчеркни́те слова́, стоя́щие в фо́рме падежа́ №1.**

Exercise 26. **Read and translate the following texts. Underline the words which are in case №1.**

1. Э́то моя́ семья́. Э́то я. Меня́ зову́т Чхольсу. Мне 23 го́да. Я студе́нт. Э́то мой па́па. Его́ зову́т Мёнсу. Ему́ 57 лет. Он о́фисный рабо́тник. Э́то моя́ ма́ма. Её зову́т Сольхи. Ей 55 лет. Она́ домохозя́йка. Э́то мой мла́дший (younger) брат. Его́ зову́т Минхо. Ему́ 15 лет. Он шко́льник. Э́то моя́ соба́ка. Её зову́т Эмма. Ей 1 год.

2. Меня́ зову́т Чанвон. Мне 22 го́да. Я студе́нт. Э́то моя́ семья́: ма́ма, па́па и сестра́. Э́то моя́ ма́ма. Её зову́т Минджи. Ей 60 лет. Она́ врач. Э́то мой па́па. Его́ зову́т Мёнхён. Ему́ 63 го́да. Он бизнесме́н. Э́то моя́ ста́ршая (older) сестра́. Её зову́т Суён. Ей 25 лет. Она́ студе́нтка.

Зада́ние 27. Нарису́йте ва́шу семью́. Расскажи́те о ней.

Exercise 27. Draw a picture of your family. Introduce your family.

Зада́ние 28. Соедини́те ча́сти предложе́ния.

Exercise 28. Match the two halves of each sentence.

1.	Меня́	а)	25 лет.
2.	Мне	б)	студе́нтка.
3.	Я	в)	соба́ка.
4.	Мой па́па	г)	зову́т Ири́на.
5.	Э́то моя́	д)	пенсионе́р.

учи́ться VS изуча́ть
study VS learn

учи́ться + где? **(case №6)**	**Я учу́сь в университе́те.** I study at the university.
изуча́ть + что? **(case №4)**	**Я изуча́ю ру́сский язы́к.** I learn Russian language.

1-17 **Задáние 29.** **Прочитáйте текст. Отвéтьте на вопрóсы пóсле тéкста.**
Exercise 29. **Read the text. Answer the questions after the text.**

Меня́ зову́т Дани́л. Я студéнт из Росси́и. Я **учу́сь** в МГИМО (Moscow State Institute of International Relations) на вторóм ку́рсе (second-year student), **изучáю** корéйский язы́к. Я хорошó говорю́ по-корéйски. Я хочу́ (want) учи́ться в Корée.

1. Дани́л – студéнт (да и́ли нет – yes or no)?
2. Отку́да он?
3. Где у́чится Дани́л?
4. Что он изучáет?
5. Дани́л говори́т по-корéйски?
6. Где Дани́л хóчет учи́ться?

Задáние 30. **Отвéтьте на вопрóсы: ДА или НЕТ.**
Exercise 30. **Answer the questions: YES or NO.**

Вы говори́те по-англи́йски?
Вы говори́те по-ру́сски?
Вы говори́те по-китáйски?
Ваш друг говори́т по-корéйски?
Вáша семья́ говори́т по-япóнски?
Вáша подру́га говори́т по-францу́зски?

1-18 **Задáние 31.** **Скажи́те, на какóм ку́рсе вы у́читесь?**
Exercise 31. **Explain what university year are you in?**

Какóй курс? **case №1**	**На какóм ку́рсе вы у́читесь?** **case №6**
пéрв**ый** курс	Я учу́сь **на** пéрв**ом** ку́рс**е**. (I am a first-year student)
вторó**й** курс	Я учу́сь **на** втор**óм** ку́рс**е**. (I am a second-year student)
трéт**ий** курс	Я учу́сь **на** трéть**ем** ку́рс**е**. (I am a third-year student)
четвёрт**ый** курс	Я учу́сь **на** четвёрт**ом** ку́рс**е**. (I am a fourth-year student)

Зада́ние 32. **Расскажи́те о себе́: где вы у́читесь и что вы изуча́ете.**

Exercise 32. **Speak about yourself: where do you study and what do you learn.**

ХО́ББИ
HOBBIES

У вас/тебя́ есть... + case №1? Do you have... + case №1?	Да, у меня́ есть... + case №1 Yes, I have… + case №1	Нет, у меня́ нет. No, I do not have.

Зада́ние 33. **Отве́тьте на вопро́сы.**

Exercise 33. **Answer the questions.**

У вас есть семья́? ➜

У вас есть брат? ➜

У вас есть сестра́? ➜

У вас есть ру́чка? ➜

У вас есть хо́бби? ➜

Что вы лю́бите (ты лю́бишь)? / Что вам (тебе́) нра́вится? What do you love? / What do you like?	Я люблю́ / Мне нра́вится + инфинити́в I love / I like + infinitive	Я люблю́... + case №4 Мне нра́вится... + case №1 I love... + case №4 I like... + case №1

Зада́ние 34. Отве́тьте на вопро́сы.
Exercise 34. Answer the questions.

Что вы лю́бите: петь (to sing) и́ли танцева́ть (to dance)?

Что вам нра́вится: слу́шать му́зыку (to listen to music) и́ли рисова́ть (to draw)?

Что вы лю́бите: спорт (sport) и́ли му́зыку?

Что вам нра́вится: фотографи́ровать (to take pictures), гото́вить (to cook) и́ли ката́ться на велосипе́де (to ride a bicycle)?

Что вам нра́вится: путеше́ствовать (to travel) и́ли отдыха́ть до́ма (to have a rest at home/to stay at home)?

Зада́ние 35. Прочита́йте и переведи́те предложе́ния.
Exercise 35. Read and translate the following sentences.

У меня́ есть хо́бби. Я люблю́ петь. ➜

У меня́ есть хо́бби. Я люблю́ рисова́ть. ➜

У меня́ есть хо́бби. Я люблю́ путеше́ствовать. ➜

У меня́ есть хо́бби. Мне нра́вится гото́вить. ➜

У меня́ есть хо́бби. Я люблю́ слу́шать му́зыку. ➜

У меня́ есть хо́бби. Мне нра́вится спорт. ➜

1-19

игра́ть (to play)	
музыка́льный инструме́нт (musical instrument)	**спорт (sport)**
НА + case №6	**В + case №4**
на гита́ре (play guitar) на скри́пке (play violin)	в футбо́л (play football) в те́ннис (play tennis)

на флéйте (play flute) на пианúно* (play piano) * never change	в бадминтóн (play badminton) в бейсбóл (play baseball) в гольф (play golf) * в компьютерные úгры (play computer games)

Задáние 36. **Прочитáйте и переведúте предложéния.**

Exercise 36. **Read and translate the following sentences.**

У менќ есть хóбби. Я игрáю в тéннис. ➜

У менќ есть хóбби. Я люблю́ игрáть в футбóл. ➜

У менќ есть хóбби. Я игрáю на пианúно. ➜

У менќ есть хóбби. Мне нрáвится игрáть в компью́терные úгры. ➜

У менќ есть хóбби. Я люблю́ игрáть на гитáре и петь. ➜

У менќ есть хóбби. Я слýшаю мýзыку и игрáю в бадминтóн. ➜

Задáние 37. **Посмотрúте на картúнки и скажúте, что э́ти лю́ди лю́бят / лю́бят дéлать.**

Exercise 37. **Look at the following pictures and speak what these people like / like to do.**

Мúша лю́бит...

Лéна лю́бит...

1-20 **Зада́ние 38.** **Прочита́йте и переведи́те те́ксты. Подчеркни́те существи́тельные, стоя́щие в фо́рме падежа́ №6.**

Exercise 38. **Read and translate the following texts. Underline the nouns which are in case №6.**

Здра́вствуйте! Меня́ зову́т Миён. Мне 22 го́да. Я студе́нтка. Я учу́сь в университе́те. У меня́ есть хо́бби. Я люблю́ игра́ть на гита́ре. Э́то о́чень интере́сно!

Здра́вствуйте! Меня́ зову́т Санхун. Я люблю́ ката́ться на велосипе́де. У меня́ есть друг. Он то́же (too) лю́бит ката́ться на велосипе́де.

Зада́ние 39. **Расскажи́те, како́е хо́бби у вас и у ва́шего дру́га (ва́шей подру́ги) по моде́ли те́кста из зада́ния 38.**

Exercise 39. **Speak about your hobby and your friend's hobby as shown in exercise 38.**

1-21 **Зада́ние 40.** **Слу́шайте и повторя́йте.**

Exercise 40. **Listen and repeat.**

У меня́ есть...

У меня́ есть хо́бби. ...

У меня́ есть хо́бби. Я люблю́...

У меня́ есть хо́бби. Я люблю́ пла́вать.

(I have a hobby. I like to swim)

У меня́ есть...

У меня́ есть хо́бби. ...

У меня́ есть хо́бби. Мне нра́вится...

У меня́ есть хо́бби. Мне нра́вится игра́ть в футбо́л.

(I have a hobby. I like to play football)

У меня́ есть...

У меня́ есть хо́бби. ...

У меня́ есть хо́бби. Я пою́ и танцу́ю*.

(I have a hobby. I sing and dance)

* -ова-/-ева- ➜ -у- (танц**ева́**ть ➜ я танц**у́**ю)

Э́то моя́ подру́га. ...

Э́то моя́ подру́га. Она́ лю́бит...

Э́то моя́ подру́га. Она́ лю́бит гото́вить.

(This is my friend. She likes to cook)

Э́то мой друг. ...

Э́то мой друг. Ему́ нра́вится...

Э́то мой друг. Ему́ нра́вится фотографи́ровать.

(This is my friend. He likes to take pictures)

Тéма
Topic
2

В МАГАЗИ́НЕ
IN THE SUPERMARKET

Граммати́ческий пра́ктикум
Grammar practice

When we are talking about shopping, we often use forms which are in **case №4**. It points to the direct object of a sentence, especially regarding the verbs *покупа́ть/купи́ть* (to buy):

вода́ (water): I buy water every day. – Я **покупа́ю** во́ду ка́ждый день.

рис (rice), лапша́ (noodles): I bought rice and noodles yesterday. – Вчера́ я **купи́л/купи́ла** рис и лапшу́.

Зада́ние 1. **Поста́вьте слова́ в ско́бках в фо́рму падежа́ №4.**

Exercise 1. **Put the words in the brackets to case №4.**

Моде́ль: to buy a bag: купи́ть (су́мка) → купи́ть су́мку

1. to buy water: купи́ть (вода́) →
2. to eat noodles: есть (лапша́) →
3. to like meat: люби́ть (мя́со) →

4. to drink beer: пить (пи́во) →

5. to read a book: чита́ть (кни́га) →

6. to listen to the lesson: слу́шать (уро́к) →

7. to watch movie: смотре́ть (фильм) →

8. to love music: люби́ть (му́зыка) →

9. to buy fish: купи́ть (ры́ба) →

10. to write a letter/message: писа́ть (сообще́ние) →

If you would like to explain about your everyday shopping, you should use the **Present Tense** or the **Past Tense** verbs.

Зада́ние 2. Поста́вьте глаго́лы в фо́рму *Я* (настоя́щее вре́мя).
Exercise 2. Put the verbs into *я (I)* form (Present Tense).

Моде́ль: I buy milk: покупа́ть молоко́ → Я покупа́**ю** молок**о́**.

1. I do homework: де́лать дома́шнее зада́ние →

2. I walk in the park: гуля́ть в па́рке →

3. I read a book: чита́ть кни́гу →

4. I know about grammar: знать грамма́тику →

5. I study at the university: учи́ться в университе́те →

6. I meet with friends: встреча́ться с друзья́ми →

7. I buy groceries: покупа́ть проду́кты →

8. I play computer games: игра́ть в компью́терные и́гры →

9. I listen to music: слу́шать му́зыку →

10. I work in a company: рабо́тать в фи́рме →

Зада́ние 3. **Поста́вьте глаго́лы в фо́рму *Я* (проше́дшее вре́мя).**

Exercise 3. **Put the verbs into *я (I)* form (Past Tense).**

Моде́ль: I bought: купи́ть ➜ я купи́л/купи́**ла**

1. I took: взять ➜
2. I went/I visited: ходи́ть ➜
3. I saw: ви́деть ➜
4. I watched: смотре́ть ➜
5. I got: получи́ть ➜
6. I said: сказа́ть ➜
7. I gave a gift: подари́ть ➜
8. I gave: дать ➜
9. I paid: заплати́ть ➜
10. I wanted: хоте́ть ➜

покупа́ть VS купи́ть
to buy VS to buy

There are two aspects of verbs in the Russian language: **imperfective** and **perfective** infinitives. In the Russian dictionary, verbs are usually given in pairs: чита́ть – прочита́ть (to read), слу́шать – послу́шать (to listen to), покупа́ть – купи́ть (to buy)...

We use the imperfective form (for Past, Present, Future Tenses) in the following situations:

– action as a fact;
– action as a process;
– frequently occurring action.

We use the perfective form (for Past and Future Tenses) in the following situations:

- action as a result;
- action that occurred only one time.

Look at the examples with the verbs **покупа́ть – купи́ть** (to buy).

Imperfective aspect	Perfective aspect
Я люблю́ покупа́ть оде́жду. I like to buy clothes.	– Приве́т! Где ты? Hi! Where are you? – Я в магази́не. Купи́л хлеб и молоко́. I am in the shop. I bought bread and milk.
– Приве́т! Где ты? Hi! Where are you? – Я сейча́с в магази́не. Покупа́ю хлеб. I am in the shop right now. I am buying bread.	Вчера́ я купи́л молоко́, сыр и хлеб. Yesterday I bought milk, cheese and bread.
Я ка́ждый день покупа́ю молоко́. I buy milk every day.	

To help you remember, here are the pairs of the most popular verbs:

2-1

Imperfective aspect	Perfective aspect	Translation
чита́ть	**про**чита́ть	to read
писа́ть	**на**писа́ть	to write
слу́шать	**по**слу́шать	to listen to
смотре́ть	**по**смотре́ть	to watch
гуля́ть	**по**гуля́ть	to walk
звони́ть	**по**звони́ть	to call
плати́ть	**за**плати́ть	to pay
покупа́ть	**купи́ть**	to buy
де́лать	**с**де́лать	to do
ходи́ть	**с**ходи́ть	to go
е́здить	**съ**е́здить	to go, to ride
говори́ть	**сказа́ть**	to say
брать	**взять**	to take

встреча́ться	встре́**ти**ться	to meet
приглаша́ть	приглас**и́**ть	to invite
поздравля́ть	поздра́**ви**ть	to congratulate

Зада́ние 4. **Прочита́йте и запо́мните сле́дующие ци́фры.**

Exercise 4. **Read and memorize the following numbers.**

2-2

100	сто
200	две́сти
300	три́ста
400	четы́реста
500	пятьсо́т
600	шестьсо́т
700	семьсо́т
800	восемьсо́т
900	девятьсо́т
1000	ты́сяча
2000	две ты́сячи
5000	пять ты́сяч

Knowledge the forms of the word *рубль* (ruble) will help you pay for your groceries.

Зада́ние 5. **Вы́берите пра́вильную фо́рму: *рубль, рубля́, рубле́й.***

Exercise 5. **Choose the correct form: *рубль, рубля́, рубле́й* (ruble/rubles).**

2-3

1	**рубль**	ruble(s)
2–4	**рубля́**	
5–20, 30, 40... 100...	**рубле́й**	

Моде́ль: 5 ➜ 5 (пять) рубле́й

1. 32 ➜
2. 25 ➜
3. 1250 ➜
4. 730 ➜
5. 42 ➜
6. 58 ➜
7. 61 ➜
8. 100 ➜
9. 40 ➜
10. 443 ➜

Диало́ги
Dialogs

2-4 **Зада́ние 6.** **Прочита́йте и переведи́те диало́ги.**
Exercise 6. **Read and translate the following dialogs.**

... (case №4), пожа́луйста.	Give me, please...

– Здра́вствуйте! Молоко́, **пожа́луйста**.
– 32 рубля́.
– Спаси́бо!

– Здра́вствуйте! Ке́тчуп (ketchup) и горчи́цу (mustard), **пожа́луйста**.
– 82 рубля́.
– Спаси́бо!

У вас есть... (case №1)?	Do you have...?

– Здра́вствуйте! **У вас есть** пе́рец (pepper)?
– Есть. Чёрный (black) и́ли кра́сный (red)?

– Кра́сный.

– 25 рубле́й.

– Спаси́бо!

Я хочу́ купи́ть... (case №4)	I want to buy...
Ско́лько сто́ит... (case №1)?	**How much is?**

– Здра́вствуйте! **Я хочу́ купи́ть** пече́нье (cookies). **Ско́лько сто́ит** э́то пече́нье?

– 88 рубле́й.

– До́рого (expensive). А (and) э́то пече́нье?

– 54 рубля́.

– Хорошо́.

Мне ну́жен/нужна́/ну́жно/нужны́... (case №1)	I need...

– Здра́вствуйте! **Мне нужна́** вода́.

– Больша́я (big) буты́лка (bottle) и́ли ма́ленькая (small)?

– Больша́я.

– 42 рубля́. Что ещё? (What else?)

– Ещё моро́женое (ice cream).

– Есть по 20 рубле́й, есть по 25 рубле́й.

– По 20 рубле́й.

– 62 рубля́. Паке́т (plastic bag) **ну́жен?**

– Да, **ну́жен**.

– 65 рубле́й.

– Вот 100 рубле́й.

– У вас есть ме́лочь (any coins): 5 рубле́й?

– Да.

– Сда́ча (change) 40 рубле́й. И ваш чек (receipt).

– Спаси́бо.

Речевáя прáктика
Speaking practice

Задáние 7. **Переведи́те на рýсский язы́к.**

Exercise 7. **Translate to Russian.**

1. – Hello! Please, could I have a bottle of water (водá) (=Give me a water).
   – It will be 20 rubles.
   – Thank you!

2. – Hello! Do you sell juice (сок) (=Do you have juice)?
   – No.

3. – Excuse me, do you sell noodles (лапшá) (=Do you have noodles)?
   – Yes. Some are 10 rubles each and other are 13 rubles each.
   – Could I have the 10 rubles noodles, please.
   – What else?
   – Eggs (я́йца) as well, please.
   – It will be 50 rubles. Do you need a plastic bag?
   – No, thank you.

4. – I need cheese (сыр). How much is it?
   – 150 rubles. Do you need a plastic bag?
   – Yes.
   – It will be 153 rubles.
   – Thank you!

5. – I want to buy beer (пи́во).
   – Do you want a large bottle or smaller one?
   – Large bottle, please.
   – It will be 48 rubles. Do you have any coins, exactly 3 rubles?
   – Yes.

– Here is your change of 5 rubles.

– Thank you!

Зада́ние 8. **Допо́лните диало́ги.**

Exercise 8. **Complete the dialogs.**

1. – Здра́вствуйте! Моро́женое (ice cream), пожа́луйста.

   – 30 __________ .

2. – У вас есть соси́ски (sausages)?

   – Да, 120 ____________. Что ____?

   – Э́то всё. (That's all).

   – Паке́т _______?

   – Нет, спаси́бо.

3. – Здра́вствуйте! Мне ________ мя́со (meat).

   – Свини́на (pork) и́ли говя́дина (beef)?

   – Свини́на. Ско́лько ________?

   – 200 _________ за килогра́мм.

   – Два килогра́мма, пожа́луйста.

   – 400 _________. ____ ____?

   – Ещё рис (rice).

   – Рис сто́ит 43 ______. Всего́ 443 (total) _______ .

   – Ещё паке́т, пожа́луйста.

   – 447 _________. Ва́ши 500 рубле́й. ______ 53 _______.

   – Спаси́бо!

Зада́ние 9. **Объясни́те продавцу́, что вы хоти́те купи́ть:**

Exercise 9. **Explain to a seller that you want to buy:**

а) хлеб;
a) bread;

б) ма́сло;
b) butter;

в) шокола́д;
c) chocolate;

г) пече́нье.
d) cookies.

Зада́ние 10. **Объясни́те рабо́тнику магази́на, что вам нужна́:**

Exercise 10. **Explain to a seller that you need:**

а) корзи́на для проду́ктов;

a) a shopping basket;

б) теле́жка для проду́ктов.

b) a shopping cart.

Зада́ние 11. **Прочита́йте и переведи́те текст. Подчеркни́те существи́тельные, стоя́щие в фо́рме падежа́ №4. Напиши́те о том, как вы ходи́ли в магази́н.**

Exercise 11. **Read and translate the text. Underline the nouns which are in case №4. Write about your shopping day.**

Вчера́ я ходи́л**(а)** (went) в магази́н. Я купи́л**(а)** (bought) молоко́, бана́ны (bananas), во́ду, лапшу́, со́ус (sauce). Я заплати́л**(а)** (paid) 310 рубле́й.

2-5 **Зада́ние 12.** **Слу́шайте и повторя́йте.**

Exercise 12. **Listen and repeat.**

Здра́вствуйте!..

Здра́вствуйте! Во́ду, пожа́луйста.

(Hello! Water, please!)

Здрáвствуйте!..

Здрáвствуйте! У вас есть...

Здрáвствуйте! У вас есть молокó?

(Hello! Do you have milk?)

Здрáвствуйте!..

Здрáвствуйте! Я хочý...

Здрáвствуйте! Я хочý купи́ть...

Здрáвствуйте! Я хочý купи́ть соси́ски.

(Hello! I want to buy sausages)

Здрáвствуйте!..

Здрáвствуйте! Мне нýжен...

Здрáвствуйте! Мне нýжен рис.

(Hello! I need rice)

Скóлько стóит...

Скóлько стóит э́то...

Скóлько стóит э́то печéнье?

(How much are the cookies?)

Сто...

Сто двáдцать...

Сто двáдцать три рубля́.

(It will be 123 rubles)

Сéмьдесят...

Сéмьдесят вóсемь рублéй.

(It will be 78 rubles)

Четы́реста...

Четы́реста сóрок...

Четы́реста сóрок семь рублéй.

(It will be 447 rubles)

Ты́сяча...

Ты́сяча две́сти...

Ты́сяча две́сти пятьдеся́т рубле́й.
(It will be 1250 rubles)

Две ты́сячи...

Две ты́сячи пятьсо́т...

Две ты́сячи пятьсо́т два́дцать два рубля́.
(It will be 2522 rubles)

Зада́ние 13. Соедини́те ча́сти предложе́ния.
Exercise 13. Match the two halves of each sentence.

1.	Паке́т,	**а)**	лапша́?
2.	У вас есть	**б)**	во́ду.
3.	Я хочу́ купи́ть	**в)**	рубля́.
4.	32	**г)**	чек.
5.	Мне ну́жен	**д)**	пожа́луйста.

В САЛО́НЕ СВЯ́ЗИ
AT THE PHONE STORE

Граммати́ческий пра́ктикум
Grammar practice

When you choose a SIM-card and the rate you are interested in, the seller will probably ask you how many days you will stay in Russia. In this case the question and answer will be in the **Future Tense**.

Зада́ние 14. Поста́вьте глаго́лы в фо́рмы *ВЫ* и *Я* (бу́дущее вре́мя).

Exercise 14. Put the verbs into вы *(you)* and я *(I)* forms (Future Tense).

Моде́ль: you will study, I will study: учи́ться ➜ вы **бу́дете** учи́ться, я **бу́ду** учи́ться

1. you will live/stay, I will live/stay: жить ➜
2. you will travel, I will travel: путеше́ствовать ➜
3. you will work, I will work: рабо́тать ➜
4. you will speak, I will speak: говори́ть ➜
5. you will buy, I will buy: покупа́ть ➜
6. you will read, I will read: чита́ть ➜
7. you will watch, I will watch: смотре́ть ➜
8. you will sleep, I will sleep: спать ➜
9. you will eat, I will eat: есть ➜
10. you will drink, I will drink: пить ➜

The forms of the words *день (day)*, *неде́ля (week), ме́сяц (month)*, *год (year)* will help you to explain how long you will stay in Russia.

Зада́ние 15. **Вы́берите пра́вильные фо́рмы сло́в *день*, *неде́ля*, *ме́сяц*, *год* по́сле сле́дующих числи́тельных.**

Exercise 15. **Choose the correct forms for the words *день (day)*, *неде́ля (week)*, *ме́сяц (month)*, *год (year)* after the following numbers.**

2-6

1	**день**
2–4	**дня**
5–20, 30, 40 ...	**дней**

1 (одна́)	**неде́ля**
2 (две)–4	**неде́ли**
5–20, 30, 40 ...	**неде́ль**

1	**ме́сяц**
2–4	**ме́сяца**
5–20, 30, 40 ...	**ме́сяцев**

1	**год**
2–4	**го́да**
5–20, 30, 40 ...	**лет**

Моде́ль: 12 (день) → 12 (двена́дцать) дней

1. 4 (день) →
2. 10 (день) →
3. 14 (день) →
4. 3 (ме́сяц) →
5. 6 (ме́сяц) →
6. 1 (ме́сяц) →
7. 1 (год) →
8. 2 (неде́ля) →
9. 5 (год) →
10. 5 (день) →

Диало́г
Dialog

2-7 Зада́ние 16. **Прочита́йте и переведи́те диало́г.**

Exercise 16. **Read and translate the following dialog.**

– Здра́вствуйте! Мне нужна́ сим-ка́рта (SIM-card). Каки́е есть тари́фы (rates)?

– Ско́лько дней **вы бу́дете (жить)** в Росси́и?

– 7 **дней.**

– Есть тако́й тари́ф: Интерне́т – 7 гигаба́йтов, безлими́тные звонки́ (unlimited calls), 350 СМС.

– Ско́лько сто́ит?

– 250 рубле́й.

– Хорошо́. Я покупа́ю.

– Ваш па́спорт, пожа́луйста.

Речева́я пра́ктика
Speaking practice

Зада́ние 17. **Познако́мьтесь с информа́цией о тари́фах в сало́не свя́зи. Поговори́те с продавцо́м. Вы́берите интересу́ющий вас тари́ф.**

Exercise 17. **You are in the phone store. Look at the information about rates. Speak to a seller and choose the rate in that is most suitable for you.**

Тариф《Моя Россия》	**Тариф《Позвони мне, позвони》**	**Тариф《Интернет-лидер》**
5 гб интернета	8 гб интернета	12 гб интернета
Безлимитные звонки по Москве	300 минут на все российские номера	100 минут в неделю
300 СМС	200 СМС	200 СМС
350 рублей/месяц	600 рублей/месяц	750 рублей/месяц

2-8 Зада́ние 18. Слу́шайте и повторя́йте.

Exercise 18. Listen and repeat.

Здра́вствуйте!..

Здра́вствуйте! Мне нужна́...

Здра́вствуйте! Мне нужна́ сим-ка́рта.
(Hello! I need a SIM-card)

Каки́е...

Каки́е есть тари́фы?
(Which rates do you have?)

Ско́лько дней...

Ско́лько дней вы бу́дете...

Ско́лько дней вы бу́дете в Росси́и?
(How many days you will stay in Russia?)

Я...

Я бу́ду жить...

Я бу́ду жить в Росси́и...

Я бу́ду жить в Росси́и 7 дней.
(I will stay in Russia for 7 days)

2-9 Зада́ние 19. Прочита́йте текст. Вы́пишите ну́жную информа́цию из те́кста и переведи́те но́вые слова́ и фра́зы.

Exercise 19. Read the text. Find necessary information from this text and translate again the new underlined words and phrases.

Я живу́ в хоро́шем райо́не. О́коло до́ма есть оди́н ма́ленький магази́н. Он **называ́ется** ≪Проду́кты≫. Э́то мой люби́мый магази́н, потому́ что всё сто́ит о́чень дёшево. **Всегда́** есть **ски́дки**. Я студе́нт, поэ́тому мне нра́вится, когда́ дёшево.

Обы́чно я покупа́ю там хлеб, во́ду, молоко́, пече́нье, лапшу́, я́йца, ры́бу, фру́кты, сок. Э́то сто́ит **приме́рно** 400 рубле́й. Э́то **мне по карма́ну**.

Но вчера́ магази́н был **закры́т**.

Я позвони́л и спроси́л:

– Почему́ магази́н закры́т?

– Потому́ что **ремо́нт**.

– Ско́лько дней бу́дет ремо́нт?

– 5 дней.

– **О́чень жаль. Поня́тно.** Спаси́бо.

Ещё о́коло до́ма есть сало́н свя́зи. Он рабо́тает **круглосу́точно**. Я **в любо́й моме́нт** могу́ **заплати́ть за** телефо́н и интерне́т. О́чень **удо́бно**.

I live in nice area. There is a small store near my house. It is called ≪Groceries≫. This is my favorite store, because everything is really cheap. They always do offer discounts. I am student, so I like when price is cheap.

Usually I buy there bread, water, milk, cookies, noodles, eggs, fish, fruit and juice. It costs about 400 rubles. I can afford it.

But yesterday the store was closed.

I called and asked:

– Why the store is closed?

– Because of reconstruction.

– How many days it will be?

– 5 days.

– It is a pity. I understood. Thank you.

And also near my house there is a phone store. It is 24-hour phone store. I can pay for phone calls and Internet at any time. It is very convenient.

Where does he live?	
Why does he like that grocery store?	
What does he usually buy?	
Why the store was closed yesterday?	
Why the phone store is very convenient?	

Тéма
Topic
3

В БОЛЬНИ́ЦЕ
IN THE HOSPITAL

Граммати́ческий пра́ктикум
Grammar practice

The doctor will ask you about the cause of your illness. In that case you will have to talk about the situation previous to visiting the doctor. You have to use the **Past Tense**.

Зада́ние 1. **Поста́вьте глаго́лы в фо́рму *Я* (проше́дшее вре́мя). Постро́йте предложе́ние.**

Exercise 1. **Put the verbs into *я (I)* form (Past Tense). Make a full sentence.**

Моде́ль: Yesterday I walked in the park: Вчера́, я, гуля́ть, парк. → Вчера́ я гуля́**л**/гуля́**ла** в па́рке.

1. Yesterday I ate pizza: Вчера́, я, есть пи́ццу. →
2. The day before yesterday I drank beer: По́завчера́, я, пить пи́во. →
3. Yesterday I went to the university: Вчера́, я, ходи́ть в университе́т. →

4. Yesterday I watched a movie: Вчера́, я, смотре́ть кино́. ➜

5. The day before yesterday I went to the sauna: По́завчера́, я, ходи́ть в са́уну. ➜

6. Yesterday I met with friends: Вчера́, я, встреча́ться с друзья́ми. ➜

7. Yesterday I bought groceries: Вчера́, я, купи́ть проду́кты. ➜

8. Yesterday I played on the computer: Вчера́, я, игра́ть на компью́тере. ➜

9. Yesterday I listened to music: Вчера́, я, слу́шать му́зыку. ➜

10. Yesterday I did homework: Вчера́, я, де́лать дома́шнее зада́ние. ➜

The doctor will ask you to open your mouth, breathe or not to breathe, go to the pharmacy etc. In this situation it will be useful to know the **imperatives**.

Зада́ние 2. **Поста́вьте сле́дующие глаго́лы в фо́рму императи́ва (фо́рма *ВЫ*).**

Exercise 2. **Put the following verbs into imperative (*вы (you)* form).**

Моде́ль:

Say me!: сказа́ть ➜ скаж**и́** ➜ скаж**и́те**

Give me!: дать ➜ да**й** ➜ да́**йте**

Lie down!: ложи́ться ➜ лож**и́сь** ➜ лож**и́тесь**

1. Go!: идти́ ➜ ид**и́** ➜
2. Buy!: купи́ть ➜ куп**и́** ➜
3. Show me!: показа́ть ➜ покаж**и́** ➜
4. Tell me!: рассказа́ть ➜ расскаж**и́** ➜
5. Explain!: объясни́ть ➜ объясн**и́** ➜
6. Open!: откры́ть ➜ откро́**й** ➜
7. Close!: закры́ть ➜ закро́**й** ➜
8. Sit down!: сади́ться ➜ сад**и́сь** ➜

9. Breathe!: дыша́ть ➜ дыши́ ➜

10. Write!: писа́ть ➜ пиши́ ➜

Sometimes we need a medical certificate and medicine for something:
университе́т (university): Certificate for the university. – Спра́вка **для** университе́т**а**.
спина́ (back): Ointment for back pain. – Мазь **для** спин**ы́**.
In this situation the **case №2** will help you.

Зада́ние 3. **Поста́вьте слова́ в ско́бках в фо́рму падежа́ №2.**

Exercise 3. **Put the words in the brackets to case №2.**

Моде́ль: medical certificate for the university: спра́вка (университе́т) ➜ спра́вка **для** университе́т**а**

1. a gift for my mother: пода́рок (ма́ма) ➜
2. documents for a visa: докуме́нты (ви́за) ➜
3. items for travel: ве́щи (путеше́ствие) ➜
4. a souvenir for a friend: сувени́р (друг) ➜
5. money for a trip: де́ньги (пое́здка) ➜
6. a postcard for a friend: откры́тка (подру́га) ➜
7. a stick for selfies: па́лка (се́лфи) ➜
8. face cream: крем (лицо́) ➜
9. shower gel: гель (душ) ➜
10. ointment for back pain: мазь (спина́) ➜

Forms of the word *день* (day) will help you explain about how long you have been feeling sick.

Зада́ние 4. **Вы́берите пра́вильные фо́рмы сло́ва *день* по́сле сле́дующих числи́тельных.**

Exercise 4. **Choose the correct forms for word *день (day)* after the following numbers.**

1	**день**
2–4	**дня**
5–20, 30, 40 ...	**дней**

Моде́ль: 2 ➜ 2 (два) дня

1. 5 ➜
2. 1 ➜
3. 4 ➜
4. 30 ➜
5. 6 ➜
6. 16 ➜
7. 3 ➜
8. 22 ➜
9. 10 ➜
10. 21 ➜

If you have a stomach ache, the doctor will ask you about <u>what you ate and drank</u> previously. Be ready to answer this question. Use **case №4** for the answer.

Зада́ние 5. **Отве́тьте на вопро́с ≪Что вы е́ли и пи́ли?≫ При отве́те испо́льзуйте фо́рму падежа́ №4. Обрати́те внима́ние на слова́ и констру́кции: *сего́дня* и *вчера́*, *у́тром*, *днём* и *ве́чером*, *на за́втрак*, *на обе́д* и *на у́жин*.**

Exercise 5. **Answer the question ≪What did you eat and drink?≫ When replying put the words in the brackets to case №4. Pay attention to the words and constructions such as: *today* and *yesterday*, *in the morning*, *in the afternoon* and *in the evening*, *for the breakfast*, *for the lunch* and *for the dinner*.**

Моде́ль:

Yesterday I ate rice and meat and drank water:

Что вы е́ли и пи́ли вчера́? (рис, мя́со, вода́) ➜ Вчера́ я е́л/е́ла **рис** и мя́с**о**, пил/пила́ во́д**у**.

1. Yesterday I ate potatoes and fish and drank juice:
   Что вы е́ли и пи́ли вчера́? (карто́фель, ры́ба, сок) ➜

2. Today in the morning I ate pizza and chicken and drank coca-cola for the breakfast:
   Что вы е́ли и пи́ли сего́дня у́тром на за́втрак? (пи́цца, ку́рица, ко́ка-ко́ла) ➜

3. This afternoon I ate cookies and drank beer for the lunch:
   Что вы е́ли и пи́ли сего́дня днём на обе́д? (пече́нье, пи́во) ➜

4. Yesterday morning I ate seafood and drank water:
   Что вы е́ли и пи́ли вчера́ у́тром? (мо́репроду́кты, вода́) ➜

5. Yesterday afternoon I ate pork and rice and drank tea:
   Что вы е́ли и пи́ли вчера́ днём? (свини́на, рис, чай) ➜

6. Yesterday evening I ate beef and vegetables and drank juice for the dinner:
   Что вы е́ли и пи́ли вчера́ ве́чером на у́жин? (говя́дина, о́вощи, сок) ➜

7. Yesterday afternoon I ate noodles and drank water:
   Что вы е́ли и пи́ли вчера́ днём? (лапша́, вода́) ➜

8. Today in the morning I ate soup and rice and drank water:
   Что вы е́ли и пи́ли сего́дня у́тром? (суп, рис, вода́) ➜

9. This afternoon I ate pasta and drank lemonade:
   Что вы е́ли и пи́ли сего́дня днём? (па́ста, лимона́д) ➜

10. Yesterday evening I ate a pastry and drank milk:
    Что вы е́ли и пи́ли вчера́ ве́чером? (бу́лочка, молоко́) ➜

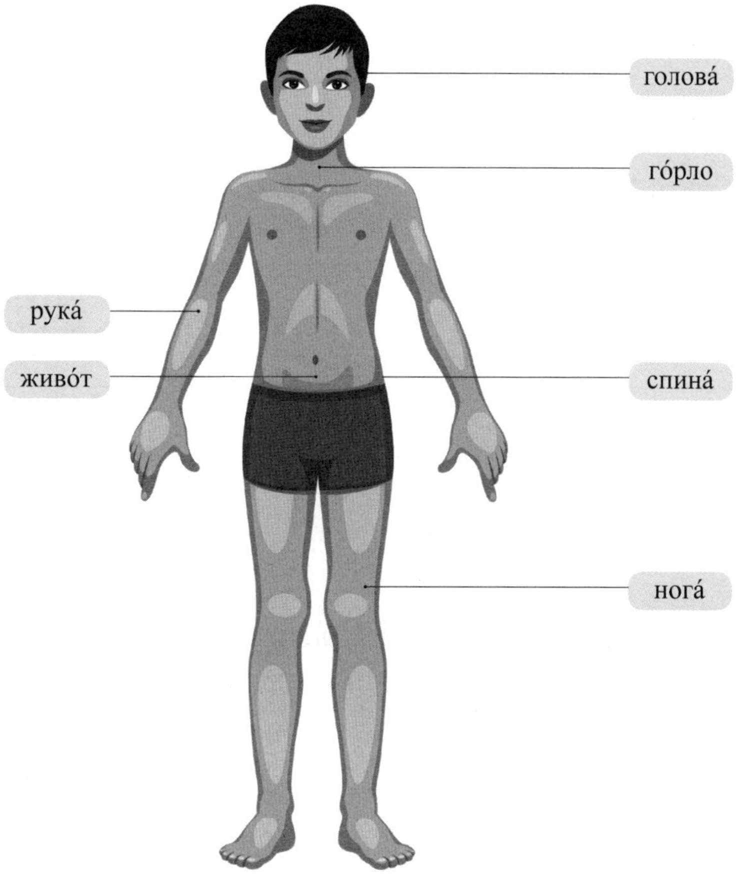

At the doctors use **case №1** after the phrases ≪**У меня́ боли́т**≫ (My…hurts me) / ≪**У меня́...**≫ (I have...) to explain where it hurts.

3-1

У меня́ боли́т	**голова́.** **(I have a headache)**
	го́рло. **(I have a sore throat)**
	живо́т. **(I have a stomach ache)**
	нога́. **(I have a pain in my leg)**
	спина́. **(My back hurts)**

У меня́	**грипп.** **(I have the flu)**
	на́сморк. **(I have a runny nose)**
	ка́шель. **(I have a cough)**
	температу́ра. **(I have a high fever)**

Я	**чиха́ю.** **(I am sneezing)**

Диало́г
Dialog

3-2 **Зада́ние 6.** **Прочита́йте диало́г в больни́це. Подчеркни́те глаго́лы, стоя́щие в фо́рме императи́ва.**

Exercise 6. **Read the following dialog in the hospital. Underline the verbs which are in the imperative form.**

– Здра́вствуйте!

– Проходи́те. Что у вас боли́т?

– **У меня́ боли́т** живо́т.

– Давно́?

– 2 дня.

– Что вы е́ли вчера́?

– Рис и ры́бу.

– Где боли́т? Здесь?

– Да.

– Э́то кише́чник. Мо́жет быть, ры́ба была́ ста́рая, несве́жая. Иди́те в апте́ку и купи́те э́то лека́рство. Пе́йте до еды́ 2 ра́за в день.

– Хорошо́. Да́йте мне, пожа́луйста, спра́вку для университе́та. Я сего́дня не ходи́л в университе́т.

– Вот спра́вка.

– Спаси́бо. До свида́ния.

– Hello!

– Come in. What is wrong?

– I think I have a stomach ache.

– How long have you had it for?

– 2 days.

– What did you eat yesterday?

– Rice and fish.

– Where does it hurt? Here?

– Yes.

– This is the intestine. Maybe the fish you ate was old and stale. Go to the pharmacy and buy this medicine. Take it before eating twice a day.

– Okay. Could you give me a medical certificate for my university. I was absent today.

– Here is the certificate.

– Thank you! Goodbye.

3-3 **Зада́ние 7. Прочита́йте текст. Отве́тьте на вопро́сы по́сле те́кста.**

Exercise 7. Read the text. Answer the questions after the text.

Вчера́ я не ходи́л в университе́т

Меня́ зову́т Макси́м. Я студе́нт. Я люблю́ учи́ться. Но вчера́ я не ходи́л в университе́т. Моя́ подру́га О́ля позвони́ла и сказа́ла, что у неё грипп, высо́кая температу́ра, ка́шель, на́сморк, боли́т голова́.

Поэ́тому (so, therefore) вчера́ я ходи́л в магази́н и купи́л для О́ли фру́кты, молоко́, мёд (honey), мали́новое варе́нье (raspberry jam). Пото́м (then) я был в апте́ке и купи́л ≪Аспири́н≫.

Сего́дня у́тром О́ля позвони́ла и сказа́ла, что у неё нет температу́ры и не боли́т голова́. Как хорошо́!

1. Макси́м лю́бит учи́ться?
2. Почему́ (why) Макси́м вчера́ не ходи́л в университе́т? (➜ Потому́ что... = Because...)
3. У О́ли вчера́ была́ температу́ра?
4. Куда́ вчера́ ходи́л Макси́м?

5. Что Макси́м купи́л для О́ли?
6. Сего́дня у О́ли есть температу́ра?
7. Макси́м – хоро́ший друг?

Речева́я пра́ктика
Speaking practice

Зада́ние 8. Переведи́те на ру́сский язы́к.

Exercise 8. Translate to Russian.

– Hello!

– Come in. What is your name?

– My name is Park Dongwook.

– What is wrong?

– I think I have the flu.

– Do you have a high fever?

– Yes. Around 38.2 degrees.

– Do you have a sore throat?

– Yes.

– Please, show me your throat. Later go to the pharmacy and buy ≪Aspirin≫. Take after (по́сле) eating once a day.

– Okay. Thank you! Goodbye!

– Goodbye!

Зада́ние 9. Допо́лните диало́г.

Exercise 9. Complete the dialog.

– Здра́вствуйте!

– До́брый день! Проходи́те. ____________________?

– У меня́ боли́т нога́.

– _____________?

– 3 дня. Я игра́л в футбо́л и упа́л (fell down).

– ____________ в апте́ку и ______________ э́ту мазь.

– Хорошо́. __________ мне, пожа́луйста, спра́вку для университе́та.

– Вот спра́вка.

– Спаси́бо! __________________!

– __________________!

3-4

Зада́ние 10. Слу́шайте и повторя́йте.

Exercise 10. Listen and repeat.

Здра́вствуйте!..

Здра́вствуйте! У меня́ боли́т...

Здра́вствуйте! У меня́ боли́т го́рло.

(Hello! I have a sore throat)

У меня́...

У меня́ ка́шель...

У меня́ ка́шель и на́сморк.

(I have a cough and runny nose)

Извини́те...

Извини́те. Мне пло́хо...

Извини́те. Мне пло́хо. Мо́жно...

Извини́те. Мне пло́хо. Мо́жно пойти́ домо́й?

(Sorry. I feel sick. Can I go home please?)

Пе́йте до еды́...

Пе́йте до еды́ два ра́за в день.

(Take it before eating twice a day)

Пе́йте по́сле еды́...

Пе́йте по́сле еды́ оди́н раз в день.

(Take it after eating once a day)

В АПТЕ́КЕ
AT THE PHARMACY

Граммати́ческий пра́ктикум
Grammar practice

Explain in the pharmacy <u>what you need</u> with the following phrase:

Мне (=case №3) ну́жен/нужна́/ну́жно/нужны́ ... (case №1)	**I need...**

Зада́ние 11. **Вы́берите пра́вильную фо́рму: *ну́жен, нужна́, ну́жно, нужны́.***

Exercise 11. **Choose the correct form: *ну́жен, нужна́, ну́жно, нужны́ (need).***

Моде́ль: I need an ≪Aspirin≫: Мне ... ≪Аспири́н≫. ➜ Мне ну́жен ≪Аспири́н≫.

1. I need some medicine: Мне ... лека́рство. ➜
2. I need advice: Мне ... сове́т. ➜
3. He needs glasses: Ему́ ... очки́. ➜
4. She needs vitamins: Ей ... витами́ны. ➜
5. You need rest: Вам ... о́тдых. ➜

6. I need a doctor's appointment: Мне ... консульта́ция врача́. ➜

7. I need shoe covers: Мне ... бахи́лы. ➜

8. I need a medical certificate: Мне ... спра́вка. ➜

9. He needs ointment: Ему́ ... мазь. ➜

10. She needs hot tea: Ей ... горя́чий чай. ➜

Knowledge the forms of the word *рубль* (ruble) will help you pay for your prescription.

Зада́ние 12. **Вы́берите пра́вильную фо́рму: *рубль, рубля́, рубле́й.***

Exercise 12. **Choose the correct form: *рубль, рубля́, рубле́й (ruble/rubles).***

1	**рубль**
2–4	**рубля́**
5–20, 30, 40...100...	**рубле́й**

Моде́ль: 20 ➜ 20 (два́дцать) рубле́й

1. 250 ➜
2. 72 ➜
3. 138 ➜
4. 401 ➜
5. 5 ➜
6. 1000 ➜
7. 524 ➜
8. 3 ➜
9. 100 ➜
10. 749 ➜

When you need to inquire about the availability the different types of medicines in the pharmacy, use the phrase ≪**У вас есть...?**≫ (≪Do you have ....?≫).

Задание 13. Прочитáйте вопрóсы. Следи́те за интонáцией.

Exercise 13. Read the following questions. Pay attention to the intonation.

1. Do you have ≪Aspirin≫?: У вас есть ≪Аспири́н≫?
2. Do you have a pharmacy loyalty card?: У вас есть кáрта аптéки?
3. Do you have discounts for students?: У вас есть ски́дки для студéнтов?
4. Do you have a tablet for the flu?: У вас есть лекáрство от гри́ппа?
5. Do you have vitamins?: У вас есть витами́ны?
6. Do you have a mask?: У вас есть мáска?
7. Do you have any coins?: У вас есть мéлочь?
8. Do you have medicine for sore throat?: У вас есть таблéтки от анги́ны?
9. Do you have nasal spray?: У вас есть спрей от нáсморка?
10. Do you have a medicine for cough?: У вас есть таблéтки от кáшля?

Диалóг
Dialog

Задание 14. Прочитáйте и переведи́те диалóг в аптéке.

3-5

Exercise 14. Read and translate the following dialog in the pharmacy.

– Здрáвствуйте! У меня́ грипп. **У вас есть** ≪Аспири́н≫?

– Да. 122 рубля́.

– Ещё **мне ну́жен** спрей от нáсморка.

– 261 рубль. Э́то всё?

– Да.

– 383 рубля́. **У вас есть** кáрта нáшей аптéки?

– Нет.

– Вáши 500 рублéй. Сдáча 117 рублéй.

– Спаси́бо.

Речева́я пра́ктика
Speaking practice

Зада́ние 15. Переведи́те на ру́сский язы́к.
Exercise 15. Translate to Russian.

– Hello! I have a sore throat. Do you have a spray for it?

– Yes. 78 rubles. What else?

– That's all.

– Do you have our loyalty card?

– No.

– I will take your 100 rubles. Here is your change of 22 rubles.

– Thank you!

Зада́ние 16. Допо́лните диало́г.
Exercise 16. Complete the dialog.

– Здра́вствуйте! У меня́ грипп: боли́т _________, есть ка́шель, _____________, высо́кая температу́ра. У вас есть __________________ от гри́ппа?

– Да. Есть ≪Аспири́н≫.

– Пожа́луйста, да́йте _________________. Ско́лько __________?

– 156 __________. ____________?

– Э́то всё. Спаси́бо!

3-6

Зада́ние 17. Слу́шайте и повторя́йте.
Exercise 17. Listen and repeat.

Здра́вствуйте!..

Здра́вствуйте! Мне ну́жен...

Здра́вствуйте! Мне ну́жен спрей от на́сморка.
(Hello! I need a nasal spray)

Здра́вствуйте!..

Здра́вствуйте! Мне нужна́...

Здра́вствуйте! Мне нужна́ мазь для спины́.
(Hello! I need ointment for back)

Здра́вствуйте!

Здра́вствуйте! Мне ну́жен...

Здра́вствуйте! Мне ну́жен гра́дусник.
(Hello! I need a thermometer)

Здра́вствуйте!..

Здра́вствуйте! Мне нужна́...

Здра́вствуйте! Мне нужна́ гре́лка.
(Hello! I need heating pad)

Здра́вствуйте!..

Здра́вствуйте! У вас есть...

Здра́вствуйте! У вас есть лека́рство от гри́ппа?
(Hello! Do you have medicine for flu?)

Зада́ние 18. Соедини́те ча́сти предложе́ния.
Exercise 18. Match the two halves of each sentence.

1.	У меня́ боли́т	а)	го́рло.
2.	У меня́	б)	≪Аспири́н≫.
3.	Да́йте мне, пожа́луйста,	в)	спра́вка.
4.	Мне нужна́	г)	грипп.
5.	У вас есть	д)	лека́рство от гри́ппа?

Тéма
Topic
4

В РЕСТОРÁНЕ
IN THE RESTAURANT

Граммати́ческий прáктикум
Grammar practice

To explain to the waiter in the restaurant what you will eat and drink you need **case №4** and the **Future Tense**.

Задáние 1. **Постáвьте словá в скóбках в фóрму падежá №4.**

Exercise 1. **Put the words in the brackets to case №4.**

Модéль: I like (to eat) chicken: Я люблю́ (кýрица) → Я люблю́ кýрицу.

1. I like (to drink) water: Я люблю́ (водá). →
2. I like (to eat) pork: Я люблю́ (свини́на). →
3. I like (to eat) rice: Я люблю́ (рис). →
4. I like (to drink) tea: Я люблю́ (чай). →
5. I like (to eat) potatoes: Я люблю́ (картóфель). →

6. I like (to drink) beer: Я люблю́ (пи́во). →
7. I like (to drink) juice: Я люблю́ (сок). →
8. I like (to eat) red-beet soup: Я люблю́ (борщ). →
9. I like (to eat) fish: Я люблю́ (ры́ба). →
10. I like (to drink) kvass: Я люблю́ (квас). →

Зада́ние 2. Поста́вьте глаго́лы в фо́рмы *Я* и *ВЫ* (бу́дущее вре́мя).

Exercise 2. Put the verbs into *я (I)* and *вы (you)* forms (Future Tense).

Моде́ль: I will drink, you will drink: пить → я **бу́ду** пить, вы **бу́дете** пить

1. I will eat, you will eat: есть →
2. I will live, you will live: жить →
3. I will study, you will study: учи́ться →
4. I will work, you will work: рабо́тать →
5. I will sleep, you will sleep: спать →
6. I will walk, you will walk: гуля́ть →
7. I will rest, you will rest: отдыха́ть →
8. I will read, you will read: чита́ть →
9. I will travel, you will travel: путеше́ствовать →
10. I will speak, you will speak: говори́ть →

The water can be sparkling or still, the soup can be with mayonnaise or without mayonnaise... **Cases №5** and **№2** will help you to explain exactly your wishes and preferences.

Зада́ние 3. **Поста́вьте слова́ в ско́бках в фо́рму падежа́ №5.**

Exercise 3. **Put the words in the brackets to case №5.**

Моде́ль: water with gas, sparkling water: вода́ (газ) ➜ вода́ **с** га́з**ом**

1. tea with sugar: чай (са́хар) ➜
2. coffee with milk: ко́фе (молоко́) ➜
3. fried potatoes with pork: жа́реный карто́фель (свини́на) ➜
4. beef with noodles: говя́дина (лапша́) ➜
5. rice with fish: рис (ры́ба) ➜
6. pancakes with jam: блины́ (джем) ➜
7. red-beet soup with sour cream: борщ (смета́на) ➜
8. pasta with ham: па́ста (ветчина́) ➜
9. pizza with sausage: пи́цца (колбаса́) ➜
10. chicken with rice: ку́рица (рис) ➜

Зада́ние 4. **Поста́вьте слова́ в ско́бках в фо́рму падежа́ №2.**

Exercise 4. **Put the words in the brackets to case №2.**

Моде́ль: water without gas, still water: вода́ (газ) ➜ вода́ **без** га́з**а**

1. tea without sugar: чай (са́хар) ➜
2. coffee without milk: ко́фе (молоко́) ➜
3. salad without salt: сала́т (соль) ➜
4. soup without mayonnaise: суп (майоне́з) ➜

5. beef without sauce: говя́дина (со́ус) ➜

6. pancakes without jam: блины́ (джем) ➜

7. red-beet soup without sour cream: борщ (смета́на) ➜

8. tea without lemon: чай (лимо́н) ➜

9. fish without any garnish: ры́ба (гарни́р) ➜

10. dinner without alcohol: у́жин (алкого́ль) ➜

Tell your friends about how you went to a Russian restaurant with the help of the **Past Tense**.

Зада́ние 5. **Поста́вьте глаго́лы в фо́рму *Я* (проше́дшее вре́мя).**

Exercise 5. **Put the verbs into *я (I)* form (Past Tense).**

Моде́ль: I went: ходи́ть ➜ я ходи́л/ходи́**ла**

1. I ordered: заказа́ть ➜
2. I ate: есть ➜
3. I drank: пить ➜
4. I paid: заплати́ть ➜
5. I sat: сиде́ть ➜
6. I chose: вы́брать ➜
7. I gave: дать ➜
8. I saw: ви́деть ➜
9. I knew: знать ➜
10. I forgot: забы́ть ➜

Диало́ги
Dialogs

4-1 **Зада́ние 6.** **Прочита́йте и переведи́те диало́ги.**
Exercise 6. **Read and translate the following dialogs.**

Мне ... (case №4).	... for me.

– Здра́вствуйте! **Мне** борщ и блины́.

– Что бу́дете пить?

– Во́ду.

– С га́зом и́ли без га́за?

– Без га́за.

– Хорошо́. А для вас?

– **Мне** карто́фель и ку́рицу. И пи́во.

– Пи́во есть тёмное (dark) и све́тлое (light).

– Све́тлое.

– 0.2 и́ли 0.5?

– 0.5.

– Ваш зака́з (order): борщ, блины́, вода́ без га́за; карто́фель, ку́рица и пи́во.

– Да, спаси́бо.

У вас есть ... (case №1)?	Do you have ...?

– Здра́вствуйте! **У вас есть** меню́ (menu) по-англи́йски?

– Да, есть.

– **У вас есть** сала́т ≪Оливье́≫ (≪Olivier≫ salad)?

– Да, есть.

– Мне сала́т ≪Оливье́≫ и блины́ с ветчино́й. И пельме́ни (pelmeni, meat dumplings).

– Что бу́дете пить?

– Чай.

– Зелёный (green) и́ли чёрный?

– Чёрный.

– С са́харом и́ли без са́хара?

– Без са́хара.

– Хорошо́. Одну́ мину́ту.

Я бу́ду ... (case №4).	I will take/eat/drink/order...

– Здра́вствуйте! Что бу́дете зака́зывать?

– **Я бу́ду** свини́ну с сы́ром и рис.

– Что бу́дете пить?

– Ко́фе ≪Латте≫.

– Извини́те, к сожале́нию (unfortunately), ≪Латте≫ нет, есть ≪Американо≫.

– ≪Американо≫. И счёт (bill), пожа́луйста.

– Хорошо́.

Посове́туйте, что вку́сно.	Recommend me a tasty dish/delicious meal.

– Здра́вствуйте! Что бу́дете зака́зывать?

– Здра́вствуйте! Пожа́луйста, **посове́туйте, что вку́сно**.

– Пельме́ни, блины́.

Прия́тного аппети́та!	Enjoy your meal!/Bon appetit!

– Ваш суп (soup) и чай. **Прия́тного аппети́та!**

– Спаси́бо!

Речева́я пра́ктика
Speaking practice

Зада́ние 7. **Переведи́те на ру́сский язы́к.**

Exercise 7. **Translate to Russian.**

1. – Hello! Please, could I order pork with cheese and potatoes (= Please, pork with cheese and potatoes for me).
   – Any drinks (= What will you drink)?
   – Water, please.
   – One minute, please.

2. – Hello! Do you sell (= Do you have) red-beet soup?
   – Yes.
   – I will eat red-beet soup and pancakes.
   – Any drinks (= What will you drink)?
   – Beer, please.
   – Which one – light or dark?
   – Dark beer, please.
   – Okay. One minute, please.

3. – Do you have a menu in Chinese?
   – Yes, we have.

4. – Hello. Tea, please.
   – Black or green tea?
   – Green tea, please.
   – With or without sugar?
   – Without sugar.
   – What else?
   – Pelmeni, please. That's all. Thank you.
   – One minute, please.

5. – Please, recommend me a tasty dish.
   – An ≪Olivier≫ salad.
   – Thank you.

Зада́ние 8. **Посмотри́те меню́. Сде́лайте зака́з в рестора́не.**

Exercise 8. **Look at the menu. Make an order in a restaurant.**

МЕНЮ́					
Сала́ты (salads)	**Супы́** (soups)	**Горя́чее** (main dishes)	**Гарни́ры** (side orders)	**Десе́рты** (desserts)	**Напи́тки** (drinks)
Оливье́ (Russian salad made from meat, vegetables, eggs, mayonnaise)	**Борщ** (red-beet soup)	**Котле́та** (cutlet)	**Рис** (rice)	**Блины́ с дже́мом** (pancakes with jam)	**Чай** (tea)
Це́зарь (salad made from chicken or shrimps, lettuce, cheese, dry bread crumbs, dressing)	**Щи** (cabbage soup)	**Пельме́ни** (meat dumplings)	**О́вощи** (vegetables)	**Блины́ со сгущёнкой** (pancakes with sweet condensed milk)	**Ко́фе** (coffee)
Селёдка ≪под шу́бой≫ (beet coated herring)	**Соля́нка** (meat or fish soup with salted cucumbers and olives)	**Свини́на с сы́ром** (pork with cheese)	**Пюре́** (mashed potatoes)	**Моро́женое** (ice cream)	**Квас** (kvass, traditional Russian soft drink made of bread)
	Окро́шка (cold soup made from cucumber, kvass, radish, dill, egg and meat)	**Ку́рица** (chicken)	**Макаро́ны** (macaroni)		**Морс** (drink prepared from berries)
			Гре́ча (buckwheat)		**Сок (я́блочный, апельси́новый, тома́тный)** (juice: apple, orange, tomato)
					Пи́во (beer)
					Вода́ (water)

Зада́ние 9.	**Прочита́йте и переведи́те текст. Подчеркни́те существи́тельные, стоя́щие в фо́рме падежа́ №4. Напиши́те о том, как вы ходи́ли в рестора́н.**
Exercise 9.	**Read and translate the text. Underline the nouns which are in case №4. Speak about your visiting the restaurant.**

Вчера́ я ходи́л**(а)** (went) в рестора́н. Я заказа́л**(а)** (ordered) соля́нку, ку́рицу и карто́фель, блины́, сок. Я заплати́л**(а)** (paid) 930 рубле́й.

Зада́ние 10.	**Соедини́те карти́нки и назва́ния блюд.**
Exercise 10.	**Match the pictures on the left with the name of dishes on the right.**

	**1**		**а)**	пельме́ни
	**2**		**б)**	моро́женое

	3		в)	блины́
	4		г)	ку́рица и карто́фель
	5		д)	макаро́ны

Зада́ние 11. Слу́шайте и повторя́йте.

4-2 **Exercise 11. Listen and repeat.**

Мне...

Мне борщ, блины́...

Мне борщ, блины́ и во́ду без га́за.

(Red-beet soup, pancakes and still water for me, please)

Мне...

Мне карто́фель, ку́рицу...

Мне карто́фель, ку́рицу и я́блочный сок.

(Potatoes, chicken and apple juice for me, please)

У вас есть...

У вас есть сала́т ≪Оливье́≫...

У вас есть сала́т ≪Оливье́≫ и борщ?

(Do you have an ≪Olivier≫ salad and red-beet soup?)

Я бу́ду...

Я бу́ду свини́ну...

Я бу́ду свини́ну и рис.

(I will eat pork and rice)

куда́ VS где
where to VS where

ходи́ть (on foot) / е́здить (on transport) + куда́? (case №4) **to go + where to?**	**Вчера́ я ходи́л/ходи́ла в рестора́н/туда́.** **Вчера́ я е́здил/е́здила в рестора́н/туда́.** **Yesterday I went to the restaurant/there.**
быть + где? (case №6) **to be + where?**	**Вчера́ я был/была́ в рестора́не/там.** **Yesterday I was in the restaurant/there.**

Зада́ние 12. **Запо́лните табли́цу.**

Exercise 12. **Complete the following table.**

Что? What? (case №1)	**Куда́?** Where to? (case №4)	**Где?** Where? (case №6)
рестора́н restaurant	в рестора́н	в рестора́не
магази́н shop/store		в магази́не
библиоте́ка library	в библиоте́ку	
университе́т university		в университе́те

по́чта post office		на по́чте
больни́ца hospital	в больни́цу	
у́лица street	на у́лицу	
пло́щадь square	на пло́щадь	на пло́щади
эта́ж floor		на этаже́
Москва́ Moscow	в Москву́	
Сеу́л Seoul		в Сеу́ле
Кремль Kremlin	в Кремль	
теа́тр theater		в теа́тре
музе́й museum		в музе́е

4-3

Зада́ние 13. **Прочита́йте текст. Отве́тьте на вопро́сы по́сле те́кста.**

Exercise 13. **Read the text. Answer the questions after the text.**

Моё люби́мое ру́сское блю́до

Приве́т! Меня́ зову́т Санмук. Оди́н год наза́д (ago) я е́здил в Москву́. Я путеше́ствовал. Я был в Кремле́, в Большо́м теа́тре, в Моско́вском университе́те, в Изма́йлово, в музе́е... Но моё люби́мое ме́сто (place) в Москве́ – э́то ГУМ (GUM = main department store) на Кра́сной пло́щади (Red Square).

На тре́тьем этаже́ (on the third floor) ГУМа есть кафе́. Я е́здил туда́ пять раз (times), потому́ что (because) там мо́жно заказа́ть блины́ с клубни́кой (strawberry). Я о́чень люблю́ ру́сские блины́ и о́чень люблю́ клубни́ку. Я сове́тую вам то́же (also) пое́хать в Москву́ и попро́бовать (try) блины́ с клубни́кой. Э́то вку́сно (delicious)!

1. Куда́ Санмук е́здил год наза́д?
2. Где он был?
3. Како́е люби́мое ме́сто Санмука?
4. Где нахо́дится (located) кафе́?
5. Ско́лько раз Санмук туда́ е́здил?
6. Како́е люби́мое блю́до Санмука?
7. Что лю́бит Санмук?
8. Како́е ва́ше люби́мое блю́до?

КУЛИНА́РНЫЙ РЕЦЕ́ПТ
COOKING RECIPE

4-4 **Зада́ние 14.** **Прочита́йте реце́пт. Отве́тьте на вопро́сы по́сле те́кста.**

Exercise 14. **Read the cooking recipe. Answer the questions after the text.**

Как пригото́вить ру́сские блины́

Ингредие́нты (ingredients):

300 гра́мм (g) муки́ (flour)
3 яйца́
500 миллили́тров (ml) молока́
1/2 ча́йной ло́жки (teaspoon) со́ли
1 столо́вая ло́жка (tablespoon) са́хара
1/3 ча́йной ло́жки со́ды (baking soda)
ма́сло (olive oil)

В ми́ске (bowl) смеша́йте (mix) я́йца с со́лью, са́харом и со́дой. Доба́вьте (add) 200 миллили́тров молока́ и перемеша́йте (stir). Зате́м (then) доба́вьте муку́ и сно́ва (again) перемеша́йте. Те́сто должно́ быть похо́же на смета́ну (The dough should be like a sour cream).

Нале́йте (pour) ма́сло на сковороду́ (frying pan).

Зате́м нале́йте на скороводу́ немно́го те́ста.

Че́рез не́сколько секу́нд (in a few seconds) переверни́те (turn) блин на другу́ю сто́рону (to the other side).

Е́шьте (eat) блины́ с мёдом, сгущённым молоко́м (condenced milk) и́ли дже́мом.

Прия́тного аппети́та!

1. Каки́е ингредие́нты нужны́, что́бы пригото́вить блины́?
2. Что ну́жно сде́лать снача́ла? Что пото́м? (➜ Ну́жно смеша́ть..., доба́вить...)
3. С чем мо́жно есть блины́?

4-5

Зада́ние 15. Испо́льзуя сле́дующие глаго́лы, расскажи́те, как пригото́вить блю́до ва́шей страны́.

Exercise 15. Speak about the traditional recipe of your country with the following verbs.

Imperfective form	Perfective form	Translation
гото́вить	пригото́вить	to cook
брать	взять	to take
мыть	вы́мыть	to wash
очища́ть	очи́стить	to peel
класть	положи́ть	to put
добавля́ть	доба́вить	to add
ре́зать	поре́зать	to carve/to cut
переме́шивать	перемеша́ть	to mix
вари́ть	свари́ть	to boil
жа́рить	пожа́рить/обжа́рить	to fry
оставля́ть	оста́вить	to leave

Зада́ние 16. Допо́лните текст.

Exercise 16. Complete the following text.

Вчера́ ве́чером у Ле́ны бы́ли го́сти (guests). Ле́на пригото́вила для них борщ.

Она́ __________ (bought) ку́рицу и о́вощи: капу́сту (cabbage), морко́вь (carrot), карто́фель, лук (onion), свёклу (red beet).

Снача́ла (at first) Ле́на __________ (cooked) бульо́н (bouillon). Зате́м __________ (washed) и __________ (cut) о́вощи, а та́кже (also) __________ (cut) ку́рицу.

Свёклу, морко́вь и лук Ле́на __________ (fried) 3 мину́ты, пото́м __________ (put) в бульо́н. Зате́м в бульо́н __________ (added) ку́рицу, карто́фель, капу́сту, соль и __________ (left) на 25 мину́т.

Го́сти бы́ли о́чень ра́ды (happy) и сказа́ли, что борщ – про́сто чу́до (marvel/miracle)!

Тéма
Topic
5

В ГÓРОДЕ
IN THE CITY

Граммати́ческий пра́ктикум
Grammar practice

In different situations in the city we often use forms which are in **case №2** when we are talking about:

– Tourist attractions and streets (Pushkin – Пу́шкин, street – у́лица ➜ Pushkin street – у́лица Пу́шкин**а**; stop – остано́вка, tram – трамва́й ➜ tram stop – остано́вка трамва́**я**);

– Quantities: tickets (ticket – биле́т ➜ Three tickets, please! – Три биле́т**а**, пожа́луйста!) or price (ruble – рубль ➜ 54 rubles, please! – Пятьдеся́т четы́ре рубл**я́**, пожа́луйста!)

1	рубль	ruble(s)
2–4	рубля́	
5–20, 30, 40... 100...	рубле́й	

– Negation (passport – па́спорт ➜ I do not have a passport. – У меня́ нет па́спорт**а**);

– Route (university – университе́т → How to get to the university? – Как дое́хать до университе́т**а**?).

– Location (close to/near – о́коло, river – река́ → Embassy near the river. – Посо́льство о́коло рек**и́**).

Зада́ние 1. **Поста́вьте слова́ в ско́бках в фо́рму падежа́ №2.**

Exercise 1. **Put the words in the brackets to case №2.**

Моде́ль: bus stop: остано́вка (авто́бус) → остано́вка авто́бус**а**

1. Mendeleev street: у́лица (Менделе́ев) →
2. How to get to Chekhov street?: Как дое́хать до (у́лица) (Че́хов)? →
3. How to get to the museum?: Как дое́хать до (музе́й)? →
4. two tickets: два (биле́т) →
5. 23 rubles: 23 (рубль) →
6. 100 rubles: 100 (рубль) →
7. city map: ка́рта (го́род) →
8. trolleybus stop: остано́вка (тролле́йбус) →
9. Lenin library: библиоте́ка и́мени (Ле́нин) →
10. I lost my luggage: У меня́ нет (бага́ж). →

When we are talking about transport, we often use forms which are in **case №6**:
авто́бус (bus): I am going by bus. – Я е́ду **на** авто́бус**е**.

Do not forget that *такси́* (taxi) and *метро́* (metro) do not change words:
метро́ (metro): I am going by metro. – Я е́ду **на** метр**о́**.

We also use forms from **case №6** for place/location in the city:
магази́н (shop): I am in the shop. – Я **в** магази́н**е**.
теа́тр (theater): Are you in the theater? – Ты **в** теа́тр**е**?
остано́вка (bus stop): I am at the bus stop. – Я **на** остано́вк**е**.

Зада́ние 2. **Поста́вьте слова́ в ско́бках в фо́рму падежа́ №6.**
Exercise 2. **Put the words in the brackets to case №6.**

Моде́ль: by bus: на (авто́бус) ➜ **на** авто́бус**е**

1. by tram: на (трамва́й) ➜
2. by plane: на (самолёт) ➜
3. by taxi: на (такси́) ➜
4. by train: на (по́езд) ➜
5. by metro: на (метро́) ➜
6. by car: на (маши́на) ➜
7. by trolleybus: на (тролле́йбус) ➜
8. by route taxi: на (маршру́тка) ➜
9. by bicycle: на (велосипе́д) ➜
10. by scooter: на (самока́т). ➜

Case №4 is often used for direction/destination:
Росси́я (Russia): We will go to Russia tomorrow. – За́втра мы е́дем **в** Росси́**ю**.
теа́тр (theater): I am going to the theater. – Я е́ду **в** теа́т**р**.

Зада́ние 3. **Поста́вьте слова́ в ско́бках в фо́рму падежа́ №4.**
Exercise 3. **Put the words in the brackets to case №4.**

Моде́ль: I am going to Moscow: Я е́ду в (Москва́). ➜ Я е́ду **в** Москву́.

1. I am going to the hotel: Я е́ду в (гости́ница). ➜
2. We will go to Saint Petersburg: Мы е́дем в (Санкт-Петербу́рг). ➜

3. I am going to a dinner: Я иду́ на (у́жин). ➜

4. Students are going to the hospital: Студе́нты иду́т в (больни́ца). ➜

5. Are you going to the shop?: Ты идёшь в (магази́н)? ➜

6. Tomorrow I am going to Bolshoi Theatre: За́втра я иду́ в (Большо́й теа́тр). ➜

7. I am going to the hotel: Я е́ду в (оте́ль). ➜

8. Yesterday I went to the library: Вчера́ я ходи́л(а) в (библиоте́ка). ➜

9. Yesterday I went to the museum: ➜ Вчера́ я ходи́л(а) в (музе́й).

10. Yesterday I went to a wedding ceremony: Вчера́ я ходи́л(а) на (сва́дьба). ➜

The special verb form for shopping and direction is **imperative**:

дать (to give): Please, give me a plastic bag! – Пожа́луйста, **да́йте** мне паке́т!

идти́ (to go), поверну́ть (to turn): Go straight and then turn left. – **Иди́те** пря́мо, пото́м **поверни́те** нале́во.

To form an imperative sentence, first of all remove the three last letters from the *ты (you)* form in the Present Tense. Then add **–й** (informal)/**–йте** (polite form) if word ends in a vowel or **–и** (informal)/**–ите** (polite form) if the word ends in a consonant:

Infinitive	*ты* form (Present Tense)	Imperative
чита́ть (to read)	ты чита́-ешь (you read)	Чита́**й**! / Чита́**йте**! (Read!)
идти́ (to go)	ты ид-ёшь (you go)	Ид**и́**! / Ид**и́те**! (Go!)

Зада́ние 4. **Поста́вьте сле́дующие глаго́лы в фо́рму императи́ва (фо́рмы ТЫ и ВЫ).**

Exercise 4. **Put the following verbs into imperative (*ты* (*you* – informal) and *вы* (*you* – formal) forms).**

Моде́ль: Go!: идти́ ➜ Ид**и́**! Ид**и́те**!

1. Wait!: ждáть →
2. Say me!: говори́ть →
3. Buy!: покупáть →
4. Give me!: дать →
5. Listen to me!: слýшать →
6. Rest!: отдыхáть →
7. Do not smoke!: не кури́ть →
8. Do!: дéлать →
9. Think!: дýмать →
10. Call me!: звони́ть →

Диалóги
Dialogs

5-1 Задáние 5. **Прочитáйте диалóги.**
Exercise 5. **Read the following dialogs.**

В аэропортý
(in the airport)

Извини́те, где...?	Excuse me, where...?
– **Извини́те, где** я могý обменя́ть дéньги? – На пéрвом этажé. – Спаси́бо!	– Excuse me, where can I exchange money? – On the first floor. – Thank you!
– **Извини́те, где** туалéт? – На вторóм этажé.	– Excuse me, where is the restroom? – On the second floor.

Какóй этáж? case №1	**На какóм этажé? case №6**
пéрв**ый** этáж	**на** пéрв**ом** этаж**é** (on the first floor)
втор**óй** этáж	**на** втор**óм** этаж**é** (on the second floor)
трéт**ий** этáж	**на** трéть**ем** этаж**é** (on the third floor)
четвёрт**ый** этáж	**на** четвёрт**ом** этаж**é** (on the fourth floor)
пят**ый** этáж	**на** пят**ом** этаж**é** (on the fifth floor)

У вас есть... (case №1)?	**Do you have...?**
– **У вас есть** багáж? – Нет, у меня́ нет багажá. У меня́ есть рюкзáк.	– Do you have a luggage? – No, I do not have a luggage. I have backpack.

Такси́ в аэропорту́
(taxi in the airport)

I need + case №1	**ОН**	**мне нýжен** (автóбус)
	ОНÁ	**мне нужнá** (больни́ца)
	ОНÓ	**мне нýжно** (такси́)
	ОНИ́	**мне нужны́** (дéньги)

– Здрáвствуйте! **Мне нýжно** такси́. – Кудá éдете? – В гости́ницу ≪Славя́нка≫. – Чемодáн есть? – Да, есть. – 1200 (ты́сяча двéсти) рублéй. – Хорошó.	– Hello! I need a taxi. – Where do you want to go? – To the hotel ≪Slavyanka≫. – Do you have suitcase? – Yes, I have. – It will be 1200 rubles. – Okay.

В гости́нице (в оте́ле)
(in the hotel)

Я могу́... / Мо́жно... + инфинити́в?	Can I.../May I + infinitive?
– У вас есть ка́рта го́рода? – Да, вот, возьми́те.	– Do you have a city map? – Yes, it is here, take it.
– На како́м этаже́ рестора́н? – На тре́тьем этаже́.	– On what floor is the restaurant? – On the third floor.
– **Я могу́** плати́ть ка́ртой? – Да, коне́чно.	– Can I pay by card? – Yes, of course.
– Помоги́те мне, пожа́луйста. Где **я могу́**/Где **мо́жно** купи́ть дешёвые ру́сские сувени́ры? – В Изма́йлово.	– Please, could you help me. Where can I buy cheap Russian souvenirs? – In Izmaylovo.
– Где коре́йское/кита́йское/япо́нское посо́льство? – В це́нтре го́рода.	– Where is the Korean / Chinese / Japanese Embassy? – In the city center.

На у́лице
(on the street)

– Извини́те, где остано́вка авто́буса? – О́коло метро́.	– Excuse me, where is the bus stop? – Near the metro station.
– Извини́те, я иностра́нец/иностра́нка, я не зна́ю, где Большо́й теа́тр. Э́то далеко́? – Э́то бли́зко. Иди́те пря́мо, пото́м нале́во. – Спаси́бо!	– Excuse me, I am a foreigner, I do not know where is Bolshoy Theatre. Is it far from here? – It is close by. Go straight, then left. – Thank you!
– Скажи́те, пожа́луйста, где сало́н свя́зи? – О́коло перекрёстка*. – Спаси́бо. * case №1: перекрёсток	– Tell me please, where is the phone store? – Close to the junction. – Thank you.

– Извини́те, где у́лица Че́хова? – Пря́мо, пото́м напра́во. – Спаси́бо.	– Excuse me, where is Chekhov street? – Go straight, then right. – Thank you!
– Скажи́те, где мо́жно поменя́ть де́ньги? – В ба́нке. – Э́то далеко́? – Нет. О́коло метро́.	– Could you tell me where I can exchange money? – In the bank. – Is it far from here? – No. It is near the metro station.
– Извини́те, где поли́ция? – О́коло Арба́та.	– Excuse me, where is the police station? – It is close to Arbat street.
– Ско́лько сто́ит матрёшка? – 850 (восемьсо́т пятьдеся́т) рубле́й. – Мо́жно ски́дку? – Хорошо́. 830 (восемьсо́т три́дцать) рубле́й.	– How much does the matryoshka cost? – It will be 850 rubles. – Can I get a discount? – Alright. It will be 830 rubles.

В авто́бусе
(in the bus)

– Ско́лько сто́ит прое́зд? – 60 (шестьдеся́т) рубле́й.	– How much does the ticket/fare cost? – 60 rubles.

В ка́ссе музе́я
(in the museum ticket office)

– Два биле́та, пожа́луйста. – Вы студе́нты? – Да. – 500 (пятьсо́т) рубле́й.	– Two tickets, please! – Are you students? – Yes. – 500 rubles.

В ка́ссе теа́тра
(in the theater ticket office)

– Два биле́та на 《Лебеди́ное о́зеро》, пожа́луйста. – В парте́р и́ли в бельета́ж? – В бельета́ж. – 2000 (две ты́сячи) рубле́й.	– Two tickets for the 《Swan lake》, please! – To front-row seating or second-floor seating? – Second-floor seating please. – 2000 rubles, please.

В метро́
(in the metro)

– Извини́те, э́то 《Охо́тный ряд》? – Нет, э́то 《Библиоте́ка и́мени Ле́нина》. – А когда́ 《Охо́тный ряд》? – Сле́дующая. – Спаси́бо!	– Excuse me, is this stop 《Okhotny Ryad》? – No, this is 《Biblioteka Imeni Lenina》. – So, how many stops until 《Okhotny Ryad》 (=So, when will be 《Okhotny Ryad》)? – It will be the next station. – Thank you!

Как доéхать до...?
How to get to...?

Question		Answer	
Как доéхать до ...	case №2?	На ...	case №6.

5-2

Как доéхать до	университéт**а**?	На метр**ó***. * never change
	аэропóрт**а**?	На такс**и́***. * never change
	теáтр**а**?	На автóбус**е** нóмер 26.
	цéнтра гóрод**а**?	На метр**ó**.
	вокзáл**а** (railway station)?	На трамвá**е** нóмер 11.
	стадиóн**а** (stadium)?	На троллéйбус**е** нóмер 34.
	Санкт-Петербýрг**а**?	На пóезд**е** и́ли на самолёт**е**.
	метр**ó**?	* Мóжно пешкóм (on foot).

Речевáя прáктика
Speaking practice

Задáние 6. **Переведи́те на рýсский язы́к.**

Exercise 6. **Translate to Russian.**

1. – Could you help me, please!

2. – Where I can buy souvenirs?
   – In Izmaylovo.

3. – Hello! I need a taxi.
   – Where do you want to go?
   – To the city center.
   – It will be 900 rubles.

4. – Can I pay by card?
   – Yes.

5. – Excuse me, I do not know where is Kremlin (Кремль).
   – It is close. Go straight, then right.
   – Thank you!

6. – What floor is the restroom on?
   – On the first floor.

7. – Excuse me, this station is ≪Dostoyevskaya≫ (≪Достое́вская≫)?
   – No, this station is ≪Trubnaya≫ (≪Тру́бная≫).
   – So, how many stops until ≪Dostoyevskaya≫ (=So, when will be ≪Dostoyevskaya≫)?
   – It will be the next station.
   – Thank you!

8. – Excuse me, where is the Korean Embassy?
   – In the city center, it is close to the river.

9. – Three tickets for ≪La Traviata≫ (≪Травиата≫), please.
   – To front-row seating or second-floor seating?
   – To front-row seating, please.
   – It will be 6000 rubles.
   – Thank you!

10. – Excuse me, where is the metro station?
    – I am sorry, I do not know.

11. – I lost my luggage.
    – Do you have a luggage information? (бага́жная би́рка)
    – Yes, I have.
    – Please, wait.

12. – One ticket, please.
    – Are you a student?
    – Yes.
    – It will be 100 rubles.
    – Thank you!

13. – Please, tell me, where can I exchange money?
– Not so far from here. It is close to the metro station.
– Thank you!

Зада́ние 7. Допо́лните диало́ги.
Exercise 7. Complete the dialogs.

1. – Скажи́те, ____ ___ ________ _________ матрёшку?
– В Изма́йлово.

2. – Извини́те, как ____________ _____ вокза́ла?
– На метро́.

3. – Я не зна́ю, ______ ______________ ______ Москвы́.
– На _______________ и́ли на ________________.
– Спаси́бо!

4. – Скажи́те, как _____________ ______ Кремля́?
– Лу́чше (it is better) _____ _______________ .
– Спаси́бо!

5. – Извини́те, _____ _______________ ______ МГУ (Moscow State University)?
– Снача́ла на метро́, пото́м 5 мину́т ______________ .

о́коло (near, close to) **напро́тив** (in front of) **спра́ва от** (on the right of) **сле́ва от** (on the left of) **недалеко́ от** (near, close to)	**+ case №2**

5-3

Зада́ние 8. **Прочита́йте текст. Нарису́йте план ва́шего райо́на. Напиши́те о своём до́ме.**

Exercise 8. **Read the text and make a plan of your area. Write about your home.**

Я живу́ в Сеу́ле. Э́то мой дом. Недалеко́ от до́м**а** есть больни́ца. Напро́тив до́м**а** – остано́вка авто́буса. Спра́ва от до́м**а** – магази́н. Сле́ва от до́м**а** – метро́.

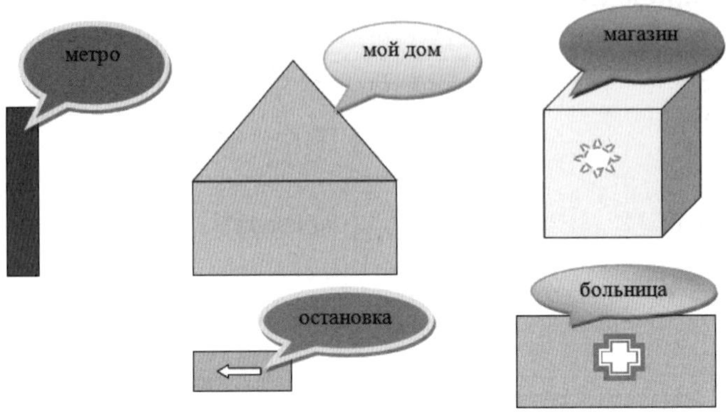

5-4

Зада́ние 9. **Прочита́йте и переведи́те диало́г – разгово́р по телефо́ну. Подчеркни́те существи́тельные, стоя́щие в фо́рме падежа́ №2.**

Exercise 9. **Read and translate the following dialog – the telephone conversation. Underline the nouns which are in case №2.**

– Алло́! (Hello?) Ма́ша, приве́т! Как дела́? (How are you?)

– Приве́т, Мёнсу! Всё хорошо. А у тебя? (And you?)

– У меня́ пробле́ма (problem). Я не зна́ю, как дое́хать до аэропо́рта.

– На метро́ и́ли на такси́.

– А где метро́?

– О́коло гости́ницы, напро́тив магази́на. 3 мину́ты пешко́м.

– Спаси́бо, Ма́ша!

– Не́ за что! (No problem!)

5-5 Зада́ние 10. Слу́шайте и повторя́йте.
Exercise 10. Listen and repeat.

Извини́те...

Извини́те, где остано́вка...

Извини́те, где остано́вка авто́буса?

(Excuse me, where is the bus stop?)

Извини́те...

Извини́те, я не зна́ю...

Извини́те, я не зна́ю, где Большо́й теа́тр.

(Excuse me, I do not know where is Bolshoy Theatre).

Извини́те...

Извини́те, где у́лица...

Извини́те, где у́лица Че́хова?

(Excuse me, where is Chekhov street?)

Извини́те...

Извини́те, где мо́жно...

Извини́те, где мо́жно поменя́ть де́ньги?

(Excuse me, where can I exchange money?)

Ско́лько...

Ско́лько сто́ит...

Ско́лько сто́ит прое́зд?

(Excuse me, how much is the bus ticket/fare?)

Здра́вствуйте!..

Здра́вствуйте! Мне ну́жно...

Здра́вствуйте! Мне ну́жно такси́.
(Hello! I need a taxi)

Извини́те...

Извини́те, э́то...

Извини́те, э́то ≪Охо́тный ряд≫?
(Excuse me, this stop is ≪Okhotny Ryad≫?)

Извини́те...

Извини́те, как дое́хать до...

Извини́те, как дое́хать до стадио́на...

Извини́те, как дое́хать до стадио́на ≪Лужники́≫?
(Excuse me, how to get to ≪Luzhniki Stadium≫?)

Зада́ние 11. Вы́полните граммати́ческий тест по те́ме ≪В го́роде≫.
Exercise 11. Complete a grammar test on the topic «In the city».

1. Извините, где...?

   А) университет Б) университете В) университета

2. Три..., пожалуйста.

   А) билет Б) билета В) билете

3. У меня нет... . Где мой багаж?

   А) багаж Б) багажи В) багажа

4. Билет стоит 300...

   А) рубль Б) рубля В) рублей

5. Скажите, как доехать до...?

   А) вокзал Б) вокзала В) вокзале

6. Я не знаю, где улица... .

А) Пушкина Б) Пушкине В) Пушкин

7. До гостиницы можно доехать... .

А) на автобусе Б) автобусе В) автобус

8. Недалеко от... есть метро.

А) дом Б) около дома В) дома

9. Я живу... .

А) Москва Б) в Москве В) напротив Москвы

10. Извините, сколько стоит...?

А) проезда Б) в проезде В) проезд

Зада́ние 12. Соедини́те ча́сти предложе́ния.

Exercise 12. Match the two halves of each sentence.

1.	Извини́те, где	**а)**	на бале́т ≪Щелку́нчик≫.
2.	Два биле́та	**б)**	авто́бус но́мер 5.
3.	Мне ну́жен	**в)**	университе́та?
4.	Как дое́хать до	**г)**	в Москве́.
5.	Я живу́	**д)**	ста́нция метро́?

ПОГО́ДА
WEATHER

5-6

Како́й сезо́н? Which season? case №1	Когда́? When? case №5
зима́ (winter)	зимо́й (in the winter)
весна́ (spring)	весно́й (in the spring)
ле́то (summer)	ле́том (in the summer)
о́сень (autumn)	о́сенью (in the autumn)

1	**гра́дус**	degree(s)
2–4	**гра́дуса**	
5–20, 30, 40 ...	**гра́дусов**	

Диало́ги
Dialogs

5-7 **Зада́ние 13.** **Прочита́йте диало́ги.**

Exercise 13. **Read the following dialogs.**

– Кака́я сего́дня пого́да? – Сего́дня хоро́шая, со́лнечная пого́да. Температу́ра – плюс 18 гра́дусов.	– How is the weather today? – Today the weather is good and sunny. The temperature is over +18 degrees.
– Кака́я пого́да бу́дет за́втра? – За́втра бу́дет хо́лодно, ве́тер. Температу́ра – ми́нус 25 гра́дусов.	– What will the weather be like tomorrow? – It will be cold tomorrow and windy. The temperature is around –25 degrees.
– Кака́я пого́да вам нра́вится? – Мне нра́вится холо́дная, па́смурная пого́да, дождь.	– What kind of weather do you like? – I like cold and cloudy weather and also the rain.

Речева́я пра́ктика
Speaking practice

Зада́ние 14. **Скажи́те, кака́я пого́да сего́дня, кака́я пого́да бу́дет за́втра, кака́я пого́да вам нра́вится.**

Exercise 14. **Explain how the weather is like today, what the weather will be like tomorrow and what kind of weather do you prefer.**

5-8 **Задáние 15.** **Прочитáйте текст о погóде в Москвé. Расскажи́те о погóде в вáшем гóроде. В расскáзе испóльзуйте дополни́тельные слова́ и фрáзы.**

Exercise 15. **Read the text about the weather in Moscow. Speak about the weather in your city. Use additional words and phrases in your text.**

В Росси́и есть четы́ре сезóна: зимá, веснá, лéто и óсень.

Зимóй в Москвé обы́чно (usually) хóлодно, температýра – ми́нус 5–10 грáдусов. Иногдá (sometimes) идёт дождь (it is rain), иногдá – снег (it is snows).

Веснóй, в мáрте, ещё хóлодно, идёт снег, в апрéле прохлáдно (cool), в мáе теплó.

Лéтом теплó и́ли жáрко. Иногдá идёт дождь. Температýра – плюс 20–22 грáдуса.

О́сенью, в сентябрé, теплó, свéтит сóлнце (sun shines). В октябрé идёт снег. В ноябрé хóлодно.

Дополни́тельные словá и фрáзы

Additional words and phrases

Вéтер (It is windy). Дýет вéтер (A wind blows). Дýет си́льный вéтер (A strong wind blows).

Сухáя погóда (Dry weather).

Влáжно (It is humid). Лéтом óчень влáжно (It is very humid in the summer).

Идёт дождь (It rains). Дождь мороси́т (Drizzle falls). Ли́вни (Rainfalls). Сезóн дождéй (Rainy season). В ию́ле бывáет сезóн дождéй (There is the rainy season in July).

Пыль (Dust). В гóроде пы́льно (It is dusty in the city).

Задáние 16. **Прими́те учáстие в слéдующих ситуáциях.**

Exercise 16. **Take part in the following situations.**

1. You want to tell your friends about winter's weather in your country. And you want to give them recommendation about what they should bring for comfortable traveling in the winter.
   - Зимóй обы́чно...
   - Возьми́те ... (+ case №4)

2. You want to tell your friends about summer's weather in your country. And you want to give them recommendation about what they should bring for comfortable traveling in the summer.
   - Ле́том обы́чно...
   - Возьми́те ... (+ case №4)

3. You want to inform your friend that it is supposed to rain and wind tomorrow and recommend them to bring umbrella (зонт) and raincoat (плащ-дождеви́к).
   - За́втра бу́дет/ожида́ется...
   - Возьми́те ... (+ case №4)

5-9

Зада́ние 17. Слу́шайте и повторя́йте.
Exercise 17. Listen and repeat.

Сего́дня хо́лодно...

Сего́дня хо́лодно и па́смурно.

(Today it is cold and cloudy)

За́втра бу́дет...

За́втра бу́дет тепло́ и со́лнечно.

(Tomorrow it will be warm and sunny)

Сейча́с идёт дождь. ...

Сейча́с идёт дождь. Ну́жен зонт.

(It is raining now. I need an umbrella)

Сего́дня прохла́дно. ...

Сего́дня прохла́дно. Где моё пальто́?

(Today it is cool. Where is my coat?)

Мне нра́вится зима́...

Мне нра́вится зима́, потому́ что...

Мне нра́вится зима́, потому́ что зимо́й идёт снег.

(I like winter because it snows)

В Корée...

В Корée лéтом óчень жáрко.

(In Korea it is very hot in the summer)

В Росси́и...

В Росси́и зимóй óчень хóлодно.

(In Russia it is very cold in the winter)

Тéма
Topic
6

ПРИГЛАШÉНИЕ
INVITATION

Граммати́ческий прáктикум
Grammar practice

The invitation always mentions <u>the place</u> where people have invited us to. This place is expressed in Russian in **case №4**.

Задáние 1. Постáвьте словá в скóбках в фóрму падежá №4.

Exercise 1. Put the words in the brackets to case №4.

Модéль: Let's go to the party!:

Пойдём на (вечери́нка)! ➜ Пойдём **на** вечери́нк**у**!

1. Let's go to the restaurant!:

   Пойдём в (рестора́н)! ➜

2. Let's go to the excursion!:

   Пойдём на (экску́рсия)! ➜

3. Let's go to the cinema today!:
   Пойдём сего́дня в (кино́)! ➜

4. I am inviting you to the theater!:
   Приглаша́ю тебя́ в (теа́тр)! ➜

5. Let's go to the exhibition!:
   Дава́й пойдём на (вы́ставка)! ➜

6. Let's go to the museum!:
   Пойдём в (музе́й)! ➜

7. Let's go to the opera the day after tomorrow!:
   Дава́й пойдём по́слеза́втра на (о́пера)! ➜

8. I am inviting you to the ballet!:
   Приглаша́ю вас на (бале́т)! ➜

9. Let's go to the cafe!:
   Дава́й пойдём в (кафе́)! ➜

10. Let's go to the ice skating rink together!:
    Пойдём на (като́к) вме́сте! ➜

The invitation also contains an indication of time.

Зада́ние 2. **Вы́берите пра́вильные фо́рмы слов *час*, *мину́та* по́сле сле́дующих числи́тельных. Отве́тьте на вопро́с ≪Во ско́лько?≫**

Exercise 2. **Choose the correct forms for words *час (hour)*, *мину́та (minute)* after the following numbers. Answer the question ≪What time?≫.**

1 (оди́н)	**час**
2 (два) – 4	**часа́**
5–20	**часо́в**

1 (однá)	**минýта**
2 (две) – 4	**минýты**
5–20, 30, 40…	**минýт**

Модéль: 2:40 ➜ **в** 2 (два) **часá** 40 (сóрок) **минýт**

1. 6:00 ➜
2. 11:15 ➜
3. 4:00 ➜
4. 19:00 ➜
5. 22:00 ➜
6. 9:30 ➜
7. 1:10 ➜
8. 5:00 ➜
9. 8:30 ➜
10. 21:00 ➜

Knowledge of the days of the week allows to clarify the day of the meeting.

6-1 **Задáние 3.** **Прочитáйте и запóмните дни недéли. Обратúте внимáние на вариáнты вопрóсов и ответóв, свя́занных с дня́ми недéли.**

Exercise 3. **Read and memorize the days of the week. Pay attention to the variants for questions and answers which are connected with name of the days .**

Какóй день? case №1 What day is today?	**Когдá? case №4 When?**
понедéльник Monday	в понедéльник on Monday
втóрник Tuesday	во втóрник on Tuesday

среда́ Wednesday	в сре́ду on Wednesday
четве́рг Thursday	в четве́рг on Thursday
пя́тница Friday	в пя́тницу on Friday
суббо́та Saturday	в суббо́ту on Saturday
воскресе́нье Sunday	в воскресе́нье on Sunday

Knowledge of the names of the months will help you keep track of the Russian holidays and will also help you to speak about when the holidays are celebrated in your country.

6-2 **Зада́ние 4.** **Прочита́йте и запо́мните назва́ния ме́сяцев. Обрати́те внима́ние на вариа́нты вопро́сов и отве́тов, свя́занных с ме́сяцами.**

Exercise 4. **Read and memorize the names of the months. Pay attention to the variants for questions and answers which are connected with the months.**

Како́й ме́сяц? case №1 Which month?	Когда́? (ме́сяц) case №6 When? (month)	Како́е число́? case №1 + case №2 What is the date today?	Когда́? (число́ + ме́сяц) case №2 + case №2 When? (date + month)
янва́рь January	в январе́ in January	пе́рвое января́ January 1st	пе́рвого января́ on January the 1st
февра́ль February	в феврале́ in February	второ́е февраля́ February 2nd	второ́го февраля́ on February the 2nd
март March	в ма́рте in March	тре́тье ма́рта March 3th	тре́тьего ма́рта on March the 3th
апре́ль April	в апре́ле in April	четвёртое апре́ля April 4th	четвёртого апре́ля on April the 4th

май May	в ма́е in May	пя́тое ма́я May 5th	пя́того ма́я on May the 5th
ию́нь June	в ию́не in June	шесто́е ию́ня June 6th	шесто́го ию́ня on June the 6th
ию́ль July	в ию́ле in July	седьмо́е ию́ля July 7th	седьмо́го ию́ля on July the 7th
а́вгуст August	в а́вгусте in August	восьмо́е а́вгуста August 8th	восьмо́го а́вгуста on August the 8th
сентя́брь September	в сентябре́ in September	девя́тое сентября́ September 9th	девя́того сентября́ on September the 9th
октя́брь October	в октябре́ in October	деся́тое октября́ October 10th	деся́того октября́ on October the 10th
ноя́брь November	в ноябре́ in November	оди́ннадцатое ноября́ November 11th	оди́ннадцатого ноября́ on November the 11th
дека́брь December	в декабре́ in December	двена́дцатое декабря́ December 12th	двена́дцатого декабря́ on December the 12th

Зада́ние 5. **Прочита́йте словосочета́ния, отвеча́ющие на вопро́с 《Како́е число́?》. Отве́тьте на вопро́с 《Когда́?》**

Exercise 5. **Read the phrases that answer the question 《What is the date today?》. Answer the question 《When?》**

Моде́ль: пе́рв**ое** декабря́ ➜ пе́рв**ого** декабря́

1. два́дцать пя́т**ое** декабря́ ➜
2. пе́рв**ое** ию́ня ➜
3. девя́т**ое** ма́я ➜
4. пе́рв**ое** января́ ➜
5. два́дцать тре́т**ье** февраля́ ➜
6. восьм**о́е** ию́ля ➜

7. шестóе ию́ня ➜

8. четвёртое ноября́ ➜

9. пéрвое сентября́ ➜

10. седьмóе января́ ➜

Задáние 6. **Посмотри́те на карти́нки и скажи́те, КОГДÁ в Росси́и отмечáются э́ти прáздники.**

Exercise 6. **Look at the pictures and speak WHEN these holidays are celebrated in Russia.**

Рождествó

Christmas

7 января́

День Побéды

Victory Day

9 мáя

Нóвый год

New Year

31 декабря́ – 1 января́

День рýсского языкá

Russian Language Day

6 ию́ня

Зада́ние 7. **Расскажи́те, когда́ ваш день рожде́ния (сезо́н + число́ + ме́сяц).**

Exercise 7. **Speak about your birthday (season + date + month).**

Моде́ль: My birthday is in the autumn, on September the 8th:

Мой день рожде́ния о́сенью, 8 (восьмо́го) сентября́.

Диало́ги
Dialogs

6-3 Зада́ние 8. **Прочита́йте и переведи́те диало́ги.**

Exercise 8. **Read and translate the following dialogs.**

Ты свобо́ден/свобо́дна ... ? **Вы свобо́дны ... ?**	**Are you free ... ?**
Дава́й(те) пойдём в/на ... **(case №4)?**	**Let's go to ... ?**
Во ско́лько?	**What time?**
Уви́димся!	**See you!**

– Приве́т, Суён! **Ты свобо́дна** в суббо́ту?

– Да. А что?

– **Дава́й пойдём в** кино́?

– **Во ско́лько?**

– В 6 часо́в ве́чера (pm).

– Хорошо́. Спаси́бо! **Уви́димся!**

Приглаша́ю вас/тебя́ в/на ... (case №4)!	I invite you to ... !

– Ёна! **Приглаша́ю тебя́ на** вечери́нку!

– Когда́?

– В пя́тницу в 4 часа́.

– Где бу́дет вечери́нка?

– В кафе́ ≪Пу́шкин≫.

– Хорошо́. Спаси́бо!

Извини́, я не могу́	Sorry, but I cannot come ... .

– Са́ша, приглаша́ю тебя́ на сва́дьбу (wedding)!

– Когда́ бу́дет сва́дьба?

– 15-ого октября́ в 11 часо́в 30 мину́т.

– **Извини́**, **я** хочу́, но **не могу́**. У меня́ ва́жный экза́мен (important exam).

– О́чень жаль. (It is a pity)

Речева́я пра́ктика
Speaking practice

Зада́ние 9. **Переведи́те на ру́сский язы́к.**

Exercise 9. **Translate to Russian.**

1. – Olga! Let's go to the theater!
   – When?
   – On Sunday.
   – What time?
   – At 7 pm.
   – Alright. Thank you!

2. – Hi, Irina! Are you free on Friday?
   – I am sorry, I will not be free.

3. – Misha, I am inviting you to the wedding ceremony.
   – Thank you. When?
   – Tomorrow.
   – What time?
   – At 3 pm.
   – Where?
   – At the hotel ≪Russia≫.

4. – Masha, let's go to the cinema!
   – When?
   – Today.
   – Sorry, I have a class today.
   – It is a pity.

Зада́ние 10. Допо́лните диало́ги.

Exercise 10. Complete the dialogs.

1. – Ко́стя! Ты свобо́ден ________________?
   – Да, свобо́ден.
   – Дава́й пойдём ________________?
   – Дава́й. ________________?
   – В 8 часо́в.
   – Хорошо́. Спаси́бо!

2. – Алёна, приглаша́ю тебя́ ________________.
   – Спаси́бо! А когда́?
   – ________________.
   – Извини́, ________________ .
   – О́чень жаль.

6-4 Зада́ние 11. Слу́шайте и повторя́йте.
Exercise 11. Listen and repeat.

А́ня!..

А́ня! Дава́й пойдём...

А́ня! Дава́й пойдём в кино́!

(Anya, let's go to the cinema!)

Са́ша!..

Са́ша! Ты свобо́ден...

Са́ша! Ты свобо́ден в понеде́льник?

(Sasha! Are you free on Monday?)

Дава́й...

Дава́й пойдём в теа́тр...

Дава́й пойдём в теа́тр в суббо́ту...

Дава́й пойдём в теа́тр в суббо́ту в 6 часо́в!

(Let's go to the theater on Saturday at 6 pm.!)

Приглаша́ю...

Приглаша́ю тебя́...

Приглаша́ю тебя́ на сва́дьбу!

(I am inviting you to the wedding ceremony!)

Когда́...

Когда́ и где...

Когда́ и где бу́дет вечери́нка?

(When and where will the party be?)

6-5 Зада́ние 12. Прочита́йте текст. Отве́тьте на вопро́сы по́сле те́кста.
Exercise 12. Read the text. Answer the questions after the text.

Куда́ Ёна ходи́ла в суббо́ту?

Ёна и Ири́на – хоро́шие подру́ги. Ири́на пригласи́ла Ёну в кино́ в суббо́ту.

Ёна спроси́ла (asked):

– Како́е кино́ мы бу́дем смотре́ть: ру́сское и́ли америка́нское?

Ири́на отве́тила (said):

– Ру́сское с англи́йскими субти́трами (subtitles).

Ёна сно́ва (again) спроси́ла:

– Во ско́лько и где мы встре́тимся (will meet)?

Ири́на предложи́ла (offered):

– Дава́й встре́тимся в 6 часо́в о́коло кинотеа́тра ≪Москва́≫.

Подру́ги встре́тились в 6 часо́в, купи́ли попко́рн (popkorn) и сок.

Фильм был о́чень интере́сный, о любви́ (about love).

По́сле (after) фи́льма Ёна пригласи́ла Ири́ну в го́сти (pay a visit).

1. Куда́ Ёна ходи́ла в суббо́ту?
2. Кто пригласи́л Ёну в кино́?
3. Како́е кино́ смотре́ли подру́ги?
4. О чём бы́ло э́то кино́?
5. Во ско́лько и где встре́тились подру́ги?
6. Что они́ купи́ли пе́ред (before) фи́льмом?
7. Куда́ Ёна пригласи́ла Ири́ну?

ПОЗДРАВЛЕ́НИЕ
GIVING CONGRATULATIONS

Граммати́ческий пра́ктикум
Grammar practice

For holiday greetings we use **case №5** and the **Present Tense**.

Зада́ние 13. Поста́вьте слова́ в фо́рму падежа́ №5.

Exercise 13. Put the words to case №5.

Моде́ль: Happy New Year!: Но́вый год ➜ **С** Но́в**ым** го́д**ом**!

1. Merry Christmas!: Рождество́ ➜
2. Happy Birthday!: день рожде́ния ➜
3. Happy Victory Day!: День Побе́ды ➜
4. Happy Russian Language Day!: День ру́сского языка́ ➜
5. Happy Easter!: Па́сха ➜
6. Happy Student's Day!: День студе́нта ➜
7. Happy holiday!: пра́здник ➜
8. Happy housewarming!: новосе́лье ➜
9. Happy graduation!: оконча́ние университе́та ➜
10. Happy Birthday to your son!: день рожде́ния сы́на ➜

Зада́ние 14. Поста́вьте глаго́лы в фо́рму *Я* (настоя́щее вре́мя).

Exercise 14. Put the verbs into *я (I)* form (Present Tense).

Моде́ль: I congratulate: поздравля́ть ➜ **я** поздравля́**ю**

1. I wish: жела́ть ➜
2. I help: помога́ть ➜

3. I do: де́лать ➜

4. I play: игра́ть ➜

5. I walk: гуля́ть ➜

6. I understand: понима́ть ➜

7. I read: чита́ть ➜

8. I know: знать ➜

9. I buy: покупа́ть ➜

10. I listen: слу́шать ➜

When we wish people something, we use **case №2**.

Зада́ние 15. **Поста́вьте слова́ в ско́бках в фо́рму падежа́ №2.**

Exercise 15. **Put the words in the brackets to case №2.**

Моде́ль: I wish you health!: Жела́ю (здоро́вье)! ➜ Жела́ю здоро́вь**я**!

1. I wish you happiness!: Жела́ю (сча́стье)! ➜
2. I wish you good luck!: Жела́ю (уда́ча)! ➜
3. I wish you success!: Жела́ю (успе́х)! ➜
4. I wish you joy!: Жела́ю (ра́дость)! ➜
5. I wish you health!: Жела́ю (здоро́вье)! ➜
6. I wish you wealth!: Жела́ю (бога́тство)! ➜
7. I wish you well!: Жела́ю (добро́)! ➜
8. I wish you will have fun!: Жела́ю (весе́лье)! ➜
9. I wish you love!: Жела́ю (любо́вь)! ➜
10. I wish harmony to your family!: Жела́ю (гармо́ния) ва́шей семье́! ➜

Диало́ги
Dialogs

6-6 Зада́ние 16. **Прочита́йте и переведи́те диало́ги.**

Exercise 16. **Read and translate the following dialogs.**

С ... (case №5)!	(Congratulations) on ... !/ Happy..!

– Та́ня! **С** Но́вым го́дом!

– Спаси́бо!

Поздравля́ю с ... (case №5) !	Congratulations on ... !/ Happy..!
Жела́ю ... (case №2)!	**I wish you ... !**

– Али́на! **Поздравля́ю с** днём рожде́ния!

– Спаси́бо!

– **Жела́ю** любви́ и сча́стья!

– Спаси́бо, Минхо!

Речева́я пра́ктика
Speaking practice

Зада́ние 17. **Переведи́те на ру́сский язы́к.**

Exercise 17. **Translate to Russian.**

1. – Lena! Merry Christmas!
   – Thank you!

2. – Vanya, Happy Student’s Day!
   – Thank you!

3. – Marina, Happy Birthday! I wish you happiness and love!
– Thank you.

Задáние 18. Слýшайте и повторя́йте.
Exercise 18. Listen and repeat.

6-7

Мáша! С Рождествóм!..

Мáша! С Рождествóм! Желáю счáстья...

Мáша! С Рождествóм! Желáю счáстья и здорóвья!

(Masha! Merry Christmas! Wish you happiness and health!)

Сáша! С днём рождéния!..

Сáша! С днём рождéния! Желáю удáчи...

Сáша! С днём рождéния! Желáю удáчи и весéлья!

(Sasha! Happy Birthday! I wish you luck and fun!)

Дани́л! С прáздником!...

Дани́л! С прáздником! Желáю успéха...

Дани́л! С прáздником! Желáю успéха и рáдости!

(Daniel! Congratulations! I wish you success and joy!)

Нáдя! С Пáсхой!..

Нáдя! С Пáсхой! Желáю счáстья!

(Nadia! Happy Easter! I wish you happiness!)

Задáние 19. Соедини́те чáсти предложéния.
Exercise 19. Match the two halves of each sentence.

1.	Давáй пойдём в	а)	вечери́нку.
2.	Приглашáю тебя́ на	б)	теáтр!
3.	Извини́,	в)	с днём рождéния!
4.	Поздравля́ю	г)	счáстья!
5.	Желáю	д)	я не могý.

Зада́ние 20. **Поздра́вьте дру́га с пра́здником. Подпиши́те откры́тку.**

Exercise 20. **Write a greeting card to congratulate your friend.**

6-8

Зада́ние 21. Прочита́йте текст. Вы́пишите ну́жную информа́цию из те́кста и переведи́те но́вые слова́ и фра́зы.

Exercise 21. Read the text. Find necessary information from this text and translate again the new underlined words and phrases.

Мой люби́мый **пра́здник** – Но́вый год. В Росси́и э́то 31-ое декабря́. Почему́ я люблю́ э́тот пра́здник? **Во-пе́рвых**, потому́ что до́ма стои́т краси́вая **ёлка** и о́коло ёлки – **пода́рки**. **Во-вторы́х**, мне нра́вится **новогóднее** меню́: сала́ты, арома́тная ры́ба, торт, апельси́ны. **В-тре́тьих**, в э́то вре́мя начина́ются **зи́мние кани́кулы**. Зна́чит, мо́жно отдыха́ть неде́лю, и́ли путеше́ствовать, и́ли ката́ться на сно́убо́рде, и́ли **пое́хать за́ город**. **Наконе́ц**, я люблю́ э́тот **семе́йный пра́здник**. Мы **всей семьёй** де́лаем **убо́рку** и гото́вим, пото́м прово́дим **кани́кулы** вме́сте!

My favorite holiday is New Year. It is celebrated in Russia in December 31st. Why do I like this holiday? Firstly, because of Christmas tree which is at home and gifts near it. Secondly, I like New Year's menu: salads, flavorful fish, cake and oranges. Thirdly, at this time the winter vacation starts. It means, we can take a rest for a week, or travel, or go snowboarding, or go outside. Lastly, I love this family holiday. We clean the house with whole family and cook, and then spend vacation together.

What is his favorite holiday?	
Why does he like this holiday?	
What about New Year's menu?	
What can they do during winter vacation?	
What do they do with whole family?	

Тéма
Topic
7

ЭКСКУ́РСИЯ ПО МОСКВЕ́
GUIDED TOUR OF MOSCOW

Граммати́ческий пра́ктикум
Grammar practice

While walking around the city, you can hear the invitations to take part in an excursion, inviting tourists to sightsee. Travel companies use **case №4**.

Зада́ние 1. Поста́вьте слова́ в ско́бках в фо́рму падежа́ №4.

Exercise 1. Put the words in the brackets to case №4.

Моде́ль: We are inviting you to an interesting tour!: Приглаша́ем на (интере́сная экску́рсия)!

→ Приглаша́ем **на** интере́сн**ую** экску́рси**ю**!

1. We are inviting you to the exhibition!: Приглаша́ем на (вы́ставка)! →
2. We are inviting you to the Easter festival!: Приглаша́ем на (Пасха́льный фестива́ль)! →
3. We are inviting you to a bus tour!: Приглаша́ем на (авто́бусная экску́рсия)! →

4. We are inviting you to a walking tour!: Приглашáем на (пешехóдная экскýрсия)! ➜

5. We are inviting you to a country tour!: Приглашáем на (зáгородная экскýрсия)! ➜

6. We are inviting you to a city tour!: Приглашáем на (обзóрная экскýрсия)! ➜

7. We are inviting you to a literary excursion!: Приглашáем на (литератýрная экскýрсия)! ➜

8. We are inviting you to a river tour!: Приглашáем на (речнáя экскýрсия)! ➜

9. We are inviting you to a cheap tour!: Приглашáем на (недорогáя экскýрсия)! ➜

10. We are inviting you to a night tour!: Приглашáем на (ночнáя экскýрсия)! ➜

At the beginning of any city excursion the guide will tell you when the city was founded. In this situation we use **case №6** for the year of foundation.

Memorize the **ordinal numerals** for it.

7-1

пéрвый	first
вторóй	second
трéтий	third
четвёртый	fourth
пя́тый	fifth
шестóй	sixth
седьмóй	seventh
восьмóй	eighth
девя́тый	ninth
деся́тый	tenth
двадцáтый	twentieth
тридцáтый	thirtieth

сороковóй	fortieth
пятидеся́тый	fiftieth
шестидеся́тый	sixtieth
семидеся́тый	seventieth
восьмидеся́тый	eightieth
девянóстый	ninetieth
сóтый	one hundredth
двухсóтый	two hundredth
трёхсóтый	three hundredth
четырёхсóтый	four hundredth
пятисóтый	five hundredth
шестисóтый	six hundredth
семисóтый	seven hundredth
восьмисóтый	eight hundredth
девятисóтый	nine hundredth
ты́сячный	thousandth

Задáние 2. Постáвьте словá в скóбках в фóрму падежá №6.

Exercise 2. Put the words in the brackets to case №6.

Модéль: Ekaterinburg was founded in 1723: Екатеринбýрг был оснóван в (1723 год).

→ Екатеринбýрг был оснóван **в** 1723 (ты́сяча семьсóт двáдцать трéть**ем**) год**ý**.

1. Moscow was founded in 1147: Москвá былá оснóвана в (1147 год). →
2. Saint Petersburg was founded in 1703: Санкт-Петербýрг был оснóван в (1703 год). →
3. Vladivostok was founded in 1860: Владивостóк был оснóван в (1860 год). →

4. Novosibirsk was founded in 1893: Новосиби́рск был осно́ван в (1893 год). ➔

5. Nizhny Novgorod was founded in 1221: Ни́жний Но́вгород был осно́ван в (1221 год). ➔

6. Irkutsk was founded in 1661: Ирку́тск был осно́ван в (1661 год). ➔

7. Kaliningrad was founded in 1255: Калинингра́д был осно́ван в (1255 год). ➔

8. Kazan was founded in 1005: Каза́нь была́ осно́вана в (1005 год). ➔

9. Arkhangelsk was founded in 1584: Арха́нгельск был осно́ван в (1584 год). ➔

10. Murom was founded in 862: Му́ром был осно́ван в (862 год). ➔

When we talk about the largest and most beautiful city in Russia, we use a **superlative**.

There are two ways to form a superlative.

са́мый/са́мая/са́мое/са́мые + adjective **most + adjective**	**adjective + -ейш-/-а́йш*-** **(*after ж, ш, ч)** The root of adjectives which ends on *г*, *к*, *х*, *з* should be changed to *ж*, *ч*, *ш*, *ж*. г ➔ ж к ➔ ч х ➔ ш з ➔ ж
са́мый краси́вый го́род the most beautiful city **са́мый** бли́зкий магази́н the nearest shop	краси́вый ➔ краси́**вейш**ий го́род beautiful ➔ the most beautiful city бли́зкий ➔ бли**жа́йш**ий магази́н near ➔ the nearest shop

Зада́ние 3. Поста́вьте прилага́тельные в превосхо́дную сте́пень.

Exercise 3. Put the adjectives into superlative.

Моде́ль: the largest city: кру́пный го́род → **са́мый** кру́пный го́род/крупн**е́йш**ий го́род

1. the most famous place: изве́стное ме́сто →
2. the most cold country: холо́дная страна́ →
3. the greatest artist: вели́кий худо́жник →
4. the finest panoramic view: прекра́сная панора́ма →
5. the oldest street: ста́рая у́лица →
6. the most expensive souvenirs: дороги́е сувени́ры →
7. the most clean air: чи́стый во́здух →
8. the most talanted writer: тала́нтливый писа́тель →
9. the highest mountain: высо́кая гора́ →
10. the most interesting tour: интере́сная экску́рсия →

When we talk about city attractions, we use the following **cases** which depends on the type of attraction:

па́мятник + case №3 **monument to...**	па́мятник Ми́нин**у** и Пожа́рск**ому** monument to Minin and Pozharsky
храм/зда́ние/уса́дьба/парк/у́лица/ проспе́кт + case №2 **temple/building/palace/park/street/ avenue of…**	Храм Христ**а́** Спаси́тел**я** Cathedral of Christ the Saviour

During the city tour, a guide will draw your attention to buildings of different colors. You should know the name of the colors for this.

7-2

бе́лый	white
чёрный	black
кра́сный	red
зелёный	green
си́ний	dark blue
голубо́й	sky blue
жёлтый	yellow
ро́зовый	pink
бе́жевый	beige
кори́чневый	brown
фиоле́товый	violet
ора́нжевый	orange
се́рый	gray

ОБЪЯСНЕ́НИЕ ЭКСКУРСОВО́ДА
GUIDE'S EXPLANATION

7-3

Зада́ние 4. **Прочита́йте и прослу́шайте объясне́ние экскурсово́да.**

Exercise 4. **Read and listen to the guide's explanation.**

Приглаша́ем вас на авто́бусную экску́рсию по Москве́! Сто́имость экску́рсии – 700 рубле́й.	We are inviting you to a bus tour of Moscow! The cost of the tour is 700 rubles.
Приглаша́ем на пешехо́дную экску́рсию по Москве́! Сто́имость экску́рсии – 200 рубле́й. Нача́ло экску́рсии в 11 часо́в.	We are inviting you to a walking tour of Moscow! The cost of the tour is 200 rubles. The tour starts at 11 o'clock.

Уважа́емые тури́сты! Добро́ пожа́ловать в Москву́! На́ша столи́ца была́ осно́вана в 1147 году́.	Dear tourists! Welcome to Moscow! Our capital was founded in 1147.
Москва́ – крупне́йший го́род страны́. На́ша экску́рсия начина́ется с ≪се́рдца≫ Москвы́ – **Кремля́ и Кра́сной пло́щади.** Здесь вы уви́дите **храм Васи́лия Блаже́нного***, **па́мятник Ми́нину и Пожа́рскому****, **ГУМ**, **Госуда́рственный истори́ческий музе́й.** * ру́сский свято́й ** национа́льные геро́и	Moscow is the largest city in the country. Our tour starts from the heart of Moscow – the Kremlin and Red Square. Here you will see St. Basil's Cathedral*, the monument to Minin and Pozharsky**, GUM, the State's Historical Museum. * Russian saint ** National Heroes
Мы с ва́ми в краси́вейшем ме́сте Москвы́ – на **Воробьёвых гора́х**. Сле́ва вы ви́дите **ста́линскую высо́тку** – э́то зда́ние **МГУ**. Спра́ва – беспла́тная **смотрова́я площа́дка**. Говоря́т, здесь са́мый чи́стый во́здух в Москве́.	We are together in the most beautiful place in Moscow – on Sparrow Hills. On the left you will see Stalin's high-rise – this is the building of the Moscow State University. On the right – a free viewing platform. People say that here is the cleanest air in Moscow.
Э́та у́лица называ́ется **Арба́т**. Здесь вы уви́дите **па́мятник поэ́ту Алекса́ндру Пу́шкину** и его́ жене́ **Ната́лье Гончаро́вой**.	This avenue is called Arbat. Here you will see a monument of a poet called Alexander Pushkin and his wife Natalia Goncharova.
Мы е́дем по **Куту́зовскому проспе́кту**. Здесь жи́ли мно́гие изве́стнейшие лю́ди: полити́ческий ли́дер Леони́д Бре́жнев, компози́тор Дми́трий Шостако́вич, балери́на Ма́йя Плисе́цкая... Здесь нахо́дится **ста́линская высо́тка (гости́ница ≪Украи́на≫)**, **Парк Побе́ды, Триумфа́льная а́рка**.	We are in Kutuzovsky Prospekt. Many famous people lived here: the political leader Leonid Brezhnev, the composer Dmitri Shostakovich, the ballerina Maya Plisetskaya ... Here is Stalin's high-rise (hotel "Ukraine"), Victory Park and Triumphal Arch.
Впереди́ **у́лица Волхо́нка**. На э́той у́лице, на берегу́ **Москва́-реки́**, нахо́дится **Храм Христа́ Спаси́теля** – са́мый высо́кий храм столи́цы. Его́ высота́ – 103 ме́тра. О́коло хра́ма есть **Патриа́рший мост**. Отсю́да открыва́ются прекра́снейшие панора́мы це́нтра Москвы́.	Volkhonka Street is ahead. On this street, on the bank of the Moskva River, there is a Cathedral of Christ the Savior – the highest church of the capital. The height is 103 meters. Near the church there is a Patriarshy Bridge. You can see the most beautiful panoramas of Moscow from here.

Недалеко́ от **Хра́ма Христа́ Спаси́теля**, в Лавру́шинском переу́лке, располага́ется **Третьяко́вская галере́я**. Там вы уви́дите ру́сские ико́ны, карти́ны Ива́на Ши́шкина, Илья́ Ре́пина, Исаа́ка Левита́на, Михаи́ла Вру́беля, Ма́рка Шага́ла...	The Tretyakov Gallery is located not too far from the Cathedral of Christ the Savior, in Lavrushinsky Lane. There you will see Russian icons, paintings by Ivan Shishkin, Ilya Repin, Isaak Levitan, Mikhail Vrubel and Marc Chagall...
Мы нахо́димся в Оста́нкинском райо́не. Вы ви́дите **Оста́нкинскую телеба́шню**, кото́рую постро́или в 1967 году́. Её высота́ – 540 ме́тров. Обрати́те внима́ние на бе́ло-ро́зовое зда́ние 18 ве́ка в па́рке. Э́то **уса́дьба Шереме́тьевых**.	We are in the Ostankinsky district. You can see the Ostankino Tower which was built in 1967. The height is of 540 meters. Pay attention to the white and pink 18th century building in the park, this is the Palace of the Sheremetev family.
На́ша экску́рсия зака́нчивается на **Садо́вом кольце́**. Э́то **у́лица Но́вый Арба́т**. Здесь вы мо́жете посети́ть крупне́йший в Москве́ кни́жный магази́н – ≪**Дом кни́ги**≫.	Our tour ends on the Garden Ring, this is New Arbat Avenue, here you can visit the largest bookstore in Moscow – "The House of Books".

Зада́ние 5. Отве́тьте на вопро́сы.
Exercise 5. Answer the questions.

1) В како́м году́ осно́вана Москва́?
2) Где ≪се́рдце≫ Москвы́?
3) Что есть на Кра́сной пло́щади?
4) Где нахо́дится МГУ?
5) Почему́ тури́стам нра́вится гуля́ть о́коло МГУ?
6) На како́й у́лице нахо́дится па́мятник Пу́шкину?
7) Где жи́ли Леони́д Бре́жнев, Дми́трий Шостако́вич, Ма́йя Плисе́цкая?
8) Каки́е ста́линские высо́тки вы зна́ете?
9) Кака́я река́ есть в Москве́?
10) Како́й храм са́мый высо́кий в Москве́?
11) Где нахо́дится Третьяко́вская галере́я?
12) Карти́ны каки́х худо́жников есть в Третьяко́вской галере́е?
13) Что есть в па́рке о́коло Оста́нкинской телеба́шни?
14) Где (в како́м магази́не) в Москве́ мо́жно купи́ть кни́ги?

Речева́я пра́ктика
Speaking practice

Зада́ние 6. **Переведи́те на ру́сский язы́к.**

Exercise 6. **Translate to Russian.**

1) Kremlin and Red Square
2) The St. Basil's Cathedral and the monument to Minin and Pozharsky
3) Sparrow Hills
4) Moscow State University
5) Arbat Avenue
6) Kutuzovsky Prospekt
7) Stalin's high-rise
8) Cathedral of Christ the Savior
9) Tretyakov Gallery
10) Ostankino Tower

Зада́ние 7. **Расскажи́те дру́гу, каки́е места́ вы хоти́те посети́ть в Москве́. При отве́те испо́льзуйте фо́рму падежа́ №4.**

Exercise 7. **Tell your friend what places you want to visit in Moscow. When you answer use case №4.**

Моде́ль: I want to visit the Kremlin and Sparrow Hills:

Я хочу́ посети́ть Кремль и Воробьёвы го́ры.

Зада́ние 8. **Поддержи́те диало́г.**

Exercise 8. **Take part in dialogue.**

– Вы уже́ бы́ли в Москве́?

– Да, уже́ был (была́). / Нет, ещё не́ был (не была́).

– Когда́ вы бы́ли в Москве́? / Когда́ вы плани́руете посети́ть Москву́?

– ______________________________ .

– Что вам понра́вилось в Москве́? ➜ case №1 / Что вы хоти́те посмотре́ть в Москве́? ➜ case №4

– ______________________________ .

7-4

Зада́ние 9. **Расскажи́те ру́сским друзья́м о достопримеча́тельностях ва́шего го́рода: каки́е там есть пло́щади, изве́стные у́лицы, па́мятники, хра́мы, музе́и, дворцы́, го́ры, река́, университе́ты, мосты́, па́рки.**

Exercise 9. **Tell your Russian friends about the tourist attractions of your city: famous streets/avenues, monuments, temples, museums, palaces, mountains, rivers, universities and bridges etc.**

Моде́ль:

Я живу́ в Москве́. Э́то столи́ца Росси́и. В моём го́роде есть Кремль и Кра́сная пло́щадь, па́мятник Ми́нину и Пожа́рскому, храм Васи́лия Блаже́нного, пешехо́дная у́лица Арба́т и па́мятник Алекса́ндру Пу́шкину и его́ жене́, Но́вый Арба́т и 《Дом кни́ги》, Храм Христа́ Спаси́теля, Москва́-река́ и Патриа́рший мост, Госуда́рственный истори́ческий музе́й и Третьяко́вская галере́я, Парк Побе́ды и Триумфа́льная а́рка, Воробьёвы го́ры и МГУ, уса́дьбы и други́е интере́сные места́ (other interesting places).

Те́ма
Topic
8

ЭКСКУ́РСИЯ ПО САНКТ-ПЕТЕРБУ́РГУ
GUIDED TOUR OF SAINT PETERSBURG

Граммати́ческий пра́ктикум
Grammar practice

There are a two-hour excursions, a two-day tours, a two-week tours... It will be useful for you to know how to express the duration.

Зада́ние 1. **Образу́йте прилага́тельные, обознача́ющие продолжи́тельность чего́-ли́бо и́ли во́зраст.**

Exercise 1. **Make adjectives indicating the duration of something or age.**

8-1

оди́н	одно-
два	двух-
три	трёх-
четы́ре	четырёх-
пять	пяти́-
шесть	шести́-

семь	семи́-
во́семь	восьми́-
де́вять	девяти́-
де́сять	десяти́-

Моде́ль:

a two-day tour: (два дня) экску́рсия ➔ двухдне́вная экску́рсия

a five-hour tour: (пять часо́в) экску́рсия ➔ пяти́часова́я экску́рсия

1. a three-day tour: (три дня) экску́рсия ➔
2. a two-hour excursion: (два часа́) экску́рсия ➔
3. a five-day business trip: (пять дней) командиро́вка ➔
4. a three-hour film: (три часа́) фильм ➔
5. a seven-day tour: (семь дней) поéздка ➔
6. a 20-minute lesson: (два́дцать мину́т) уро́к ➔
7. a 10-minute video: (де́сять мину́т) ви́део ➔
8. a five-minute break: (пять мину́т) переры́в ➔
9. a two-month vacation: (два ме́сяца) о́тпуск ➔
10. a six-month-old baby: (шесть ме́сяцев) ребёнок ➔

The cultural and art objects are dated from the certain century.

Memorize the following **ordinal numerals**. Pay attention to the meaning of the Roman numerals.

8-2

деся́тый	tenth	X
оди́ннадцатый	eleventh	XI
двена́дцатый	twelfth	XII
трина́дцатый	thirteenth	XIII
четы́рнадцатый	fourteenth	XIV
пятна́дцатый	fifteenth	XV
шестна́дцатый	sixteenth	XVI
семна́дцатый	seventeenth	XVII
восемна́дцатый	eighteenth	XVIII
девятна́дцатый	nineteenth	XIX
двадца́тый	twentieth	XX

Зада́ние 2. Раскро́йте ско́бки.

Exercise 2. Open the brackets.

Моде́ль:

a 19th century museum: музе́й (XIX век) ➔ музе́й девятна́дцат**ого** ве́к**а**

tsar Alexander II: царь Алекса́ндр (II) ➔ царь Алекса́ндр Втор**о́й**

1. a 13th century book: кни́га (XIII век) ➔

2. an 18th century house: дом (XVIII век) ➔

3. a 20th century picture: карти́на (XX век) ➔

4. tsar Peter I: царь Пётр (I) ➔

5. tsar Nicholas II: царь Никола́й (II) ➔

6. an 18th century painter: худо́жник (XVIII век) ➔

7. a 19th century icon: ико́на (XIX век) ➔

8. a 20th century poet: поэ́т (XX век) ➜

9. a 21st century art: иску́сство (XXI век) ➜

10. a 17th century literature: литерату́ра (XVII век) ➜

A tour guides will offer you different excursions, depending on your preferences. In this situations, we use a special grammatical construction such as: ≪***If…, then…***≫ (≪***Éсли..., то...***≫).

Зада́ние 3. **Соста́вьте предложе́ния из сле́дующих слов. Обрати́те внима́ние на констру́кцию: ≪*Éсли..., то...*≫.**

Exercise 3. **Make sentences in Russian with the following words. Pay attention to the grammatical construction such as: ≪*If…, then…*≫.**

Моде́ль:

If you want to visit The State Hermitage, then we recommend you to buy tickets in advance: Éсли, вы, хоте́ть, посети́ть, Эрмита́ж, то, мы, сове́товать, вы, купи́ть, биле́ты, зара́нее. ➜ Éсли вы хоти́те посети́ть Эрмита́ж, то мы сове́туем вам купи́ть биле́ты зара́нее.

1. If you want to see where Alexander Pushkin lived, then we recommend you to visit the Pushkin city: Éсли, вы, хоте́ть, посмотре́ть, где, жить, Алекса́ндр Пу́шкин, то, сове́товать, вы, посети́ть, го́род Пу́шкин. ➜

2. If tomorrow the weather is good, we will go to play badminton: Éсли, за́втра, быть, хоро́ший, пого́да, то, мы, быть, игра́ть, бадминто́н. ➜

3. If you like parks, palaces and fountains, then we recommend that you go to Petergof: Éсли, вы, люби́ть, па́рк, дворе́ц, фонта́н, то, рекомендова́ть, пое́хать, Петерго́ф. ➜

4. If you like Russian art, then we advise you to visit the Russian Museum in Saint Petersburg: Éсли, вы, люби́ть, ру́сский, иску́сство, то, мы, сове́товать, вы, посети́ть, Ру́сский музе́й, Петербу́рг. →

5. If it is your first time in Saint Petersburg, then we recommend you to go on a sightseeing tour: Éсли, вы, пе́рвый, раз, Петербу́рг, то, мы, сове́товать, вы, пое́хать, обзо́рный, экску́рсия. →

6. If you want to see the a naval city, then we recommend you to visit Kronstadt: Éсли, вы, хоте́ть, посмотре́ть, вое́нно-морско́й, го́род, то, сове́товать, вы, посети́ть, Кроншта́дт. →

7. If you want to pray, we recommend you to visit the Kazan Cathedral: Éсли, вы, хоте́ть, помоли́ться, то, сове́товать, вы, посети́ть, Каза́нский собо́р. →

8. If you want to visit Russia in the winter, then we recommend you to take a hat and a scarf: Éсли, вы, хоте́ть, посети́ть, Росси́я, зима́, то, сове́товать, вы, взять, ша́пка, шарф. →

9. If it will be rains tomorrow, I will study at home: Éсли, за́втра, быть, дождь, то, я, быть, занима́ться, дом. →

10. If you want to buy Russian souvenirs, then you should go to the Gostiny dvor: Éсли, вы, хоте́ть, купи́ть, ру́сский, сувени́р, то, сходи́ть, Гости́ный двор. →

Russian cities are famous for the different souvenirs. Knowledge the Russian souvenirs will help you choose a gifts for your family and your friends.

Задáние 4.	**Постáвьте словá в скóбках в фóрму падежá №5 (мнóжественное числó).**
Exercise 4.	**Put the words in the brackets to case №5 (plural form).**

Case №5
(plural form)

ОН	ОНÁ	ОНÓ
	-ами/-ями	

Модéль: Saint Petersburg is famous for the bridges: Санкт-Петербýрг слáвится (мостьí). → Санкт-Петербýрг слáвится мост**áми**.

1. Tula is famous for the honey-cakes: Тýла слáвится (прянúки). →
2. Moscow is famous for the churches: Москвá слáвится (хрáмы). →
3. Astrakhan is famous for the watermelons: Áстрахань слáвится (арбýзы). →
4. Ural is famous for the stones: Урáл слáвится (кáмни). →
5. Yuzhno-Sakhalinsk is famous for the crabs: Ю́жно-Сахалúнск слáвится (крáбы). →
6. Crimea is famous for the wines: Крым слáвится (вúна). →
7. Ivanovo is famous for brides: Ивáново слáвится (невéсты). →
8. Saint Petersburg is famous for the river and canals: Санкт-Петербýрг слáвится (рéки и канáлы). →
9. Pavlovsky Posad is famous for the headscarves: Пáвловский Посáд слáвится (платкú). →
10. Novosibirsk is famous for the nuts: Новосибúрск слáвится (орéхи). →

During the city tour, a guide will draw your attention to many facts. You should know the grammatical construction such as: ≪***From … to …***≫ (≪***От ... до ...***≫). This construction can indicate a distance or a time period.

Зада́ние 5. **Поста́вьте слова́ в ско́бках в фо́рму падежа́ №2. Обрати́те внима́ние на констру́кцию: ≪*От ... до ...*≫.**

Exercise 5. **Put the words in the brackets to case №2. Pay attention to the grammatical construction such as: ≪*From … to …*≫.**

Моде́ль: From Korea to Moscow it is necessary to fly 8 hours by plane: От (Коре́я) до (Москва́) 8 часо́в на самолёте. → **От** Коре**́и** **до** Москв**ы́** 8 часо́в на самолёте.

1. From Moscow to Saint Petersburg it is around 700 kilometers: От (Москва́) до (Санкт-Петербу́рг) 700 киломе́тров. →

2. From Admiralty to Saint Alexander Nevsky Monastery it is around 4.5 kilometers: От (Адмиралте́йство) до (ла́вра) 4.5 киломе́тра. →

3. From Seoul to Busan you can get there by bus, train, car and airplane: От (Сеу́л) до (Пуса́н) мо́жно дое́хать на авто́бусе, по́езде, маши́не, самолёте. →

4. From my house to the university it is 5 minutes on foot: От (дом) до (университе́т) 5 мину́т пешко́м. →

5. From Incheon to Vladivostok it is necessary to fly 2 hours by plane: От (Инчхо́н) до (Владивосто́к) 2 часа́ на самолёте. →

6. From Petersburg to Petergof it is necessary to sail up 30 minutes by steam-ship: От (Петербу́рг) до (Петерго́ф) на теплохо́де 30 мину́т. →

7. From Petersburg to Pushkin you can get there by suburban electric train: От (Петербу́рг) до (Пу́шкин) мо́жно дое́хать на электри́чке. →

8. From Petersburg to Kronstadt you can get there by taxi: От (Петербу́рг) до (Кроншта́дт) мо́жно дое́хать на такси́. ➜

9. From the airport to the city center it will be 3 000 rubles: От (аэропо́рт) до (центр го́рода) мо́жно дое́хать за 3 000 рубле́й. ➜

10. From Incheon to Seoul you can get there by bus or subway: От (Инчхо́н) до (Сеу́л) мо́жно дое́хать на авто́бусе и́ли на метро́. ➜

Зада́ние 6. **Поста́вьте слова́ в ско́бках в фо́рму падеже́й №2 и №4. Обрати́те внима́ние на констру́кцию: ≪*С ... по ...*≫.**

Exercise 6. **Put the words in the brackets to cases №2 and №4. Pay attention to the grammatical construction such as: ≪*From ... to ...*≫.**

Моде́ль: The museum is open from November to March: Музе́й рабо́тает с (ноя́брь) по (март). ➜ Музе́й рабо́тает **с** ноябр**я́** **по** март.

1. The shop is open from Monday to Friday: Магази́н рабо́тает с (понеде́льник) по (пя́тница). ➜

2. Students begin their studies from September to June: Студе́нты у́чатся с (сентя́брь) по (ию́нь). ➜

3. Summer vacation is from July to September: Кани́кулы с (ию́ль) по (сентя́брь). ➜

4. The theater is closed from July to October: Теа́тр закры́т с (ию́ль) по (октя́брь). ➜

5. We are inviting you to visit the ice cave from February to April: Приглаша́ем на экску́рсию в ледяну́ю пеще́ру с (февра́ль) по (апре́ль). ➜

6. Dear students! The library will be closed from Tuesday to Thursday: Уважа́емые студе́нты! Библиоте́ка бу́дет закры́та со (вто́рник) по (четве́рг). ➜

7. The station ≪Okhotny Ryad≫ is closed for the reconstruction from May to August: Ста́нция метро́ ≪Охо́тный ряд≫ закры́та на реконстру́кцию с (май) по (а́вгуст). ➜

8. Our excursions are held from April to October: На́ши экску́рсии прово́дятся с (апре́ль) по (октя́брь). ➜

9. We work seven days a week, from Monday to Sunday: Мы рабо́таем без выходны́х, с (понеде́льник) по (воскресе́нье). ➜

10. I will be an intern from March to May: Я бу́ду на стажиро́вке с (март) по (май). ➜

Зада́ние 7. Поста́вьте слова́ в ско́бках в фо́рму падежа́ №3 (еди́нственное и́ли мно́жественное число́).

Exercise 7. Put the words in the brackets to case №3 (single or plural form).

Case №3
(plural form)

ОН	ОНА́	ОНО́
-ам/-ям		

Моде́ль: city tour: экску́рсия по (го́род) ➜ экску́рсия **по** го́роду

1. to go along the avenue: е́хать по (проспе́кт) ➜
2. to go shopping: ходи́ть по (магази́ны) ➜
3. to sail up the river: плыть по (река́) ➜
4. to travel around Russia: путеше́ствовать по (Росси́я) ➜
5. to go on the street: идти́ по (у́лица) ➜

6. to sail up the canals: ката́ться по (кана́лы) ➜

7. to walk on the square: идти́ по (пло́щадь) ➜

8. to walk on the park: гуля́ть по (парк) ➜

9. to walk on the museum: ходи́ть по (музе́й) ➜

10. to run around the stadium: бе́гать по (стадио́н) ➜

ОБЪЯСНЕ́НИЕ ЭКСКУРСОВО́ДА
GUIDE'S EXPLANATION

8-3 **Зада́ние 8.** **Прочита́йте и прослу́шайте объясне́ние экскурсово́да.**
Exercise 8. **Read and listen to the guide's explanation.**

Вы пе́рвый раз в Санкт-Петербу́рге? Двухчасова́я экску́рсия по се́верной столи́це Росси́и!	Is this your first time in Saint Petersburg? We offer you a two-hour tour of the northern capital of Russia!
Трёхдне́вный тур по Санкт-Петербу́ргу и при́городам! Интере́сный маршру́т, комфорта́бельный авто́бус. Ски́дки студе́нтам и пенсионе́рам.	We offer you a three-day tour of Saint Petersburg and the suburbs! It is an interesting route, with a comfortable bus. There are discounts for students and pensioners.
Е́сли вы хоти́те посмотре́ть, где жил и учи́лся поэ́т Алекса́ндр Пу́шкин, то сове́туем вам посети́ть **го́род Пу́шкин**. Е́сли вас привлека́ют па́рки, дворцы́ и фонта́ны, то рекоменду́ем пое́хать в **Петерго́ф**. Е́сли вам интере́сно погуля́ть по вое́нно-морско́му го́роду, то сове́туем съе́здить в **Кроншта́дт**.	If you want to see where the poet Alexander Pushkin lived and studied, then we advise you to visit the Pushkin city. If you like parks, palaces and fountains, then we recommend you to go to Peterhof. If you are interested in walking around the naval city, then we advise you to go to Kronstadt.

Санкт-Петербу́рг основа́л Пётр Пе́рвый.	Peter I founded Saint Petersburg.
Санкт-Петербу́рг сла́вится **моста́ми** и бе́лыми ноча́ми.	Saint Petersburg is famous for its bridges and white nights.
Во вре́мя на́шей экску́рсии вы уви́дите **Исаа́киевский собо́р, Зи́мний Дворе́ц (Эрмита́ж), Каза́нский собо́р, Спас на Крови́, Петропа́вловскую кре́пость, кре́йсер 《Авро́ра》**. Мы прое́дем по **Не́вскому проспе́кту**, поката́емся по **ре́кам** и **кана́лам**.	During our tour you will see Saint Isaac's Cathedral, the Winter Palace (the Hermitage Museum), the Kazan Cathedral, the Church of the Savior on Blood, the Peter and Paul Fortress, and the Russian cruiser "Aurora". We will drive along Nevsky Prospekt, and take a ride along the rivers and the canals.
Приве́тствуем вас на экску́рсии по петербу́ргским ре́кам и кана́лам. Во́дные экску́рсии прово́дятся в се́верной столи́це с апре́ля по октя́брь.	We welcome you on excursions along the Petersburg rivers and canals. Water excursions are held in the northern capital from April to October.
Мы проезжа́ем по Не́вскому проспе́кту. Его́ длина́ от **Адмиралте́йства** до **Алекса́ндро-Не́вской ла́вры** – четы́ре с полови́ной киломе́тра. Сле́ва от вас – **кни́жный магази́н**. Спра́ва – **Каза́нский собо́р**, где нахо́дится люби́мая ру́сским наро́дом ико́на Бо́жией Ма́тери 《Каза́нская》. Е́сли вы хоти́те поклони́ться э́той ико́не, то она́ располага́ется сле́ва от алтаря́.	We are driving along the Nevsky Prospect. Its length from the Admiralty to the Alexander Nevsky Monastery is 4.5 kilometers. A bookstore is on the left of you. On the right is the Kazan Cathedral, where the beloved by the Russian people the icon 《Our Lady of Kazan》 is located. If you want to bow to this icon, then it is located to the left of the altar.
Приглаша́ем посети́ть **Госуда́рственный Ру́сский музе́й**. Музе́й был откры́т в конце́ XIX ве́ка ука́зом импера́тора Никола́я II. В музе́е предста́влены рабо́ты древнеру́сского иску́сства, карти́ны XVIII–XX веко́в, произведе́ния сове́тских худо́жников и совреме́нного иску́сства.	We are inviting you to visit the State Russian Museum. The museum was opened at the end of the XIX century by the decree of Emperor Nicholas II. The museum presents works of ancient Russian art, paintings of the XVIII-XX centuries, works of Soviet artists and contemporary art.

Зада́ние 9. Отве́тьте на вопро́сы.
Exercise 9. Answer the questions.

1. Како́е второ́е назва́ние (name) Санкт-Петербу́рга?
2. Где (в како́м го́роде) жил и учи́лся поэ́т Алекса́ндр Пу́шкин?
3. Где (в како́м го́роде) есть па́рки, дворцы́ и фонта́ны?
4. Как называ́ется вое́нно-морско́й го́род о́коло Петербу́рга?
5. Кто основа́л Санкт-Петербу́рг?
6. Чем сла́вится Санкт-Петербу́рг?
7. Как называ́ется гла́вный проспе́кт Петербу́рга?
8. Когда́ в Петербу́рге прово́дятся во́дные экску́рсии?
9. Что есть в Каза́нском собо́ре?
10. Что есть в Ру́сском музе́е?

Речева́я пра́ктика
Speaking practice

Зада́ние 10. Переведи́те на ру́сский язы́к.
Exercise 10. Translate to Russian.

1. Pushkin city
2. Peterhof
3. Kronstadt
4. bridge, river, canal
5. Saint Isaak’s Cathedral
6. Winter Palace (Hermitage Museum)
7. Church of the Savior on Blood
8. Peter and Paul Fortress
9. Cruiser “Aurora”
10. Nevsky Prospekt
11. Admiralty
12. Alexander Nevsky Monastery

13. Kazan Cathedral
14. Russian Museum

Зада́ние 11. **Расскажи́те дру́гу, каки́е места́ вы хоти́те посети́ть в Санкт-Петербу́рге. При отве́те испо́льзуйте фо́рму падежа́ №4.**

Exercise 11. **Tell your friend what places you want to visit in Saint Petersburg. When you answer use case №4.**

Моде́ль: I want to visit the Hermitage and Kazan Cathedral:

Я хочу́ посети́ть Эрмита́ж и Каза́нский собо́р.

Зада́ние 12. **Поддержи́те диало́г.**

Exercise 12. **Take part in dialogue.**

– Вы уже́ бы́ли в Санкт-Петербу́рге?

– Да, уже́ был (была́). / Нет, ещё не́ был (не была́).

– Когда́ вы бы́ли в Санкт-Петербу́рге? / Когда́ вы плани́руете посети́ть Санкт-Петербу́рг?

– ______________________________ .

– Что вам понра́вилось в Санкт-Петербу́рге? ➜ case №1 / Что вы хоти́те посмотре́ть в Санкт-Петербу́рге? ➜ case №4

– ______________________________ .

Зада́ние 13. **Отве́тьте на вопро́сы.**

Exercise 13. **Answer the questions.**

<table>
<tr><td rowspan="5">Как вы ду́маете,
(How do you think)</td><td rowspan="5">како́й го́род бо́лее
(more)</td><td>краси́вый:</td><td rowspan="5">Москва́ и́ли Санкт-Петербу́рг?</td></tr>
<tr><td>холо́дный:</td></tr>
<tr><td>ста́рый:</td></tr>
<tr><td>дорого́й:</td></tr>
<tr><td>интере́сный:</td></tr>
</table>

Моде́ль:

Я ду́маю, что (that) Москва́ – **бо́лее** дорого́й го́род, **чем** (then) Санкт-Петербу́рг.

Answers

Grammar

• Exercise 1.

брат	ОН	фильм	ОН
ёлка	ОНА	письмó	ОНО
жарá	ОНА	час	ОН
зонт	ОН	шанс	ОН
игрá	ОНА	окнó	ОНО
стол	ОН	сыр	ОН
Россúя	ОНА	сестрá	ОНА
ýлица	ОНА	бáбушка	ОНА
úмя	ОНО	врéмя	ОНО

• Exercise 2.

университéт	университéты	фильм	фúльмы
ёлка	ёлки	письмó	пúсьма
телефóн	телефóны	час	часы́
урóк	урóки	шанс	шáнсы
игрá	úгры	дéло	делá
стол	столы́	странá	стрáны
рýчка	рýчки	сестрá	сёстры
ýлица	ýлицы	бáбушка	бáбушки

столи́ца	столи́цы	окно́	о́кна

- **Exercise 3.**

Мой го́род, моя́ страна́, на́ша семья́, ваш чай, моя́ у́лица, твоё письмо́, моя́ ма́ма, ва́ша семья́.

- **Exercise 4.**

Краси́вый го́род, больша́я страна́, люби́мая семья́, дорого́й чай, хоро́шая пого́да, до́брое у́тро, до́брый день, до́брый вечер.

- **Exercise 5.**

Сонгюнгван – большо́й университе́т.
Росси́я – краси́вая страна́.
Пеки́н – изве́стный го́род.
Одри Хепбёрн – краси́вая актри́са.
Дождь – моя́ люби́мая пого́да.

- **Exercise 6.**

Краси́вые студе́нты, больши́е стра́ны, люби́мые уро́ки, дороги́е конфе́ты, хоро́шие кни́ги.

- **Exercise 7.**

Я Ири́на.	Кто?
Э́то моя́ ру́чка.	Чья?
Она́ краси́вая де́вушка.	Кто?
Э́то моя́ люби́мая дра́ма.	Кака́я?
Сего́дня хоро́ший день.	Како́й?
Э́то дорога́я су́мка.	Что?

• Exercise 8.

чита́ть	я чита́ю ты чита́ешь он(а́) чита́ет	мы чита́ем вы чита́ете они́ чита́ют
слу́шать	я слу́шаю ты слу́шаешь он(а́) слу́шает	мы слу́шаем вы слу́шаете они́ слу́шают
ду́мать	я ду́маю ты ду́маешь он(а́) ду́мает	мы ду́маем вы ду́маете они́ ду́мают
люби́ть	я люблю́ ты лю́бишь он(а́) лю́бит	мы лю́бим вы лю́бите они́ лю́бят
де́лать	я де́лаю ты де́лаешь он(а́) де́лает	мы де́лаем вы де́лаете они́ де́лают
игра́ть	я игра́ю ты игра́ешь он(а́) игра́ет	мы игра́ем вы игра́ете они́ игра́ют
звони́ть	я звоню́ ты звони́шь он(а́) звони́т	мы звони́м вы звони́те они́ звоня́т
знать	я зна́ю ты зна́ешь он(а́) зна́ет	мы зна́ем вы зна́ете они́ зна́ют
приглаша́ть	я приглаша́ю ты приглаша́ешь он(а́) приглаша́ет	мы приглаша́ем вы приглаша́ете они́ приглаша́ют

• Exercise 10.

	ОН	ОНА́	ВЫ
чита́ть	чита́л	чита́ла	чита́ли

гуля́ть	гуля́л	гуля́ла	гуля́ли
е́здить	е́здил	е́здила	е́здили
покупа́ть	покупа́л	покупа́ла	покупа́ли
слу́шать	слу́шал	слу́шала	слу́шали
люби́ть	люби́л	люби́ла	люби́ли
де́лать	де́лал	де́лала	де́лали
игра́ть	игра́л	игра́ла	игра́ли
звони́ть	звони́л	звони́ла	звони́ли
путеше́ствовать	путеше́ствовал	путеше́ствовала	путеше́ствовали
жить	жил	жила́	жи́ли
пить	пил	пила́	пи́ли
знать	знал	зна́ла	зна́ли

● **Exercise 12.**

чита́ть	я бу́ду чита́ть ты бу́дешь чита́ть он(а́) бу́дет чита́ть	мы бу́дем чита́ть вы бу́дете чита́ть они́ бу́дут чита́ть
говори́ть	я бу́ду говори́ть ты бу́дешь говори́ть он(а́) бу́дет говори́ть	мы бу́дем говори́ть вы бу́дете говори́ть они́ бу́дут говори́ть
смотре́ть	я бу́ду смотре́ть ты бу́дешь смотре́ть он(а́) бу́дет смотре́ть	мы бу́дем смотре́ть вы бу́дете смотре́ть они́ бу́дут смотре́ть
гуля́ть	я бу́ду гуля́ть ты бу́дешь гуля́ть он(а́) бу́дет гуля́ть	мы бу́дем гуля́ть вы бу́дете гуля́ть они́ бу́дут гуля́ть
слу́шать	я бу́ду слу́шать ты бу́дешь слу́шать он(а́) бу́дет слу́шать	мы бу́дем слу́шать вы бу́дете слу́шать они́ бу́дут слу́шать

де́лать	я бу́ду де́лать ты бу́дешь де́лать он(а́) бу́дет де́лать	мы бу́дем де́лать вы бу́дете де́лать они́ бу́дут де́лать
игра́ть	я бу́ду игра́ть ты бу́дешь игра́ть он(а́) бу́дет игра́ть	мы бу́дем игра́ть вы бу́дете игра́ть они́ бу́дут игра́ть
путеше́ствовать	я бу́ду путеше́ствовать ты бу́дешь путеше́ствовать он(а́) бу́дет путеше́ствовать	мы бу́дем путеше́ствовать вы бу́дете путеше́ствовать они́ бу́дут путеше́ствовать
жить	я бу́ду жить ты бу́дешь жить он(а́) бу́дет жить	мы бу́дем жить вы бу́дете жить они́ бу́дут жить
пить	я бу́ду пить ты бу́дешь пить он(а́) бу́дет пить	мы бу́дем пить вы бу́дете пить они́ бу́дут пить
есть	я бу́ду есть ты бу́дешь есть он(а́) бу́дет есть	мы бу́дем есть вы бу́дете есть они́ бу́дут есть

● Exercise 14.

Гро́мко, жа́рко, интере́сно, легко́, ми́ло, ти́хо, тру́дно, по-япо́нски, по-кита́йски, по-францу́зски.

ABOUT YOURSELF. HOBBIES

- **Exercise 1.**

1. – Hello! Who are you?
   – Hello! I am Soohyun. I am a student.
2. – Good afternoon! Who are you?
   – Hello! I am Sooyoen. I am a student.

- **Exercise 2.**

1. – Здра́вствуйте! Кто́ вы?
   – Здра́вствуйте! Я Хёнмук. Я студе́нт.
2. – До́брый день! Кто́ вы?
   – Здра́вствуйте! Я Хёна. Я студе́нтка .

- **Exercise 3.**

1. – Hello! What is your name?
   – Hello! My name is Soohyun.
2. – Good morning! What is your name?
   – Hello! My name is Sooyoen.

- **Exercise 4.**

1. – Здра́вствуйте! Как вас зову́т?
   – До́брый день! Меня́ зову́т Хёнмук.
2. – До́брый день! Как вас зову́т?
   – Здра́вствуйте! Меня́ зову́т Хёна.

- **Exercise 7.**

Hello! This is my friend. His name is Minho.
Hello! This is my friend. Her name is Sohee.

- **Exercise 10.**

Её зову́т Мари́я.

Его́ зову́т Алексе́й.

Его́ зову́т Макси́м.

Её зову́т Ири́на.

- **Exercise 11.**

1. – How old are you?
   – I am 25 years old.
2. – How old are you?
   – I am 21 years old.

- **Exercise 12.**

1. – Ско́лько вам лет?
   – Мне 20 (два́дцать) лет.
2. – Ско́лько тебе́ лет?
   – Мне 32 (три́дцать два) го́да.

- **Exercise 15.**

Hello! This is my friend. His name is Minho. He is 22 years old.

Hello! This is my friend. Her name is Sohee. She is 27 years old.

- **Exercise 18.**

Ей 78 (се́мьдесят во́семь) лет.

Ему́ 2 (два) го́да.

Ей 30 (три́дцать) лет.

Ему́ 24 (два́дцать четы́ре) го́да.

- **Exercise 19.**

I am Korean. I am from Korea.

I am Japanese. I am from Japan.

I am Chinese. I am from China.

I am Russian. I am from Russia.

I am Frenchman. I am from France.

I am American. I am from America.

● Exercise 21.

1. Good afternoon! My name is Hyongmuk. I am 26 years old. I am Korean. I am from Korea. I am a student. Nice to meet you!
2. Good morning! My name is Zhao Wei. I am 31 years old. I am Chinese. I am from China. Nice to meet you!

1. До́брый день! Меня́ зову́т Хёнмук. Мне 26 лет. Я коре́ец. Я из Коре́и. Я студе́нт. О́чень прия́тно!
2. До́брое у́тро! Меня́ зову́т Чжао Вэй. Мне 31 год. Я китая́нка. Я из Кита́я. О́чень прия́тно!

● Exercise 23.

This is my family.

This is my mother.

This is my father.

This is my brother.

This is my sister.

This is my grandfather.

This is my grandmother.

This is my uncle.

This is my aunt.

This is my husband.

This is my wife.

This is my cat.

This is my cat.

This is my dog.

● Exercise 25.

Э́то преподава́тель.

Э́то о́фисный рабо́тник.

Э́то врач.

Э́то учи́тель.

Э́то домохозя́йка.

Э́то шко́льник.

Э́то юри́ст.

Э́то пенсионе́р(ы).

● Exercise 26.

1. This is my family. It is me. My name is Cholsoo. I am 23 years old. I am a student. This is my father. His name is Myungsoo. He is 57 years old. He is an office worker. This is my mother. Her name is Solhee. She is 55 years old. She is a housewife. This is my younger brother. His name is Minho. He is 15 years old. He is a schoolboy. This is my dog. Her name is Emma. She is 1 year old.
2. My name is Changwon. I am 22 years old. I am a student. This is my family: mother, father and sister. This is my mother. Her name is Minji. She is 60 years old. She is a doctor. This is my father. His name is Myounghyoun. He is 63 years old. He is a businessman. This is my older sister. Her name is Sooyoen. She is 25 years old. She is a student.

1. Э́то моя́ семья́. Э́то я. Меня́ зову́т Чхольсу. Мне 23 го́да. Я студе́нт. Э́то мой па́па. Его́ зову́т Мёнсу. Ему́ 57 лет. Он о́фисный рабо́тник. Э́то моя́ ма́ма. Её зову́т Сольхи. Ей 55 лет. Она́ домохозя́йка. Э́то мой мла́дший брат. Его́ зову́т Минхо. Ему́ 15 лет. Он шко́льник. Э́то моя́ соба́ка. Её зову́т Эмма. Ей 1 год.
2. Меня́ зову́т Чанвон. Мне 22 го́да. Я студе́нт. Э́то моя́ семья́: ма́ма, па́па и сестра́. Э́то моя́ ма́ма. Её зову́т Минджи. Ей 60 лет. Она́ врач. Э́то мой па́па. Его́ зову́т Мёнхён. Ему́ 63 го́да. Он бизнесме́н. Это моя́ ста́ршая сестра́. Её зову́т Суён. Ей 25 лет. Она́ студе́нтка.

● Exercise 28.

1 – г

2 – а

3 – б

4 – д

5 – в

• Exercise 29.

1. Да, он студе́нт.
2. Он из Росси́и.
3. Он у́чится в МГИМО.
4. Он изуча́ет коре́йский язы́к.
5. Да, он говори́т по-коре́йски.
6. Дани́л хо́чет учи́ться в Коре́е.

• Exercise 35.

I have a hobby. I like to sing.

I have a hobby. I like to draw.

I have a hobby. I like to travel.

I have a hobby. I like to cook.

I have a hobby. I like to listen to the music.

I have a hobby. I like sport.

• Exercise 36.

I have a hobby. I play tennis.

I have a hobby. I like to play football.

I have a hobby. I play piano.

I have a hobby. I like to play computer games.

I have a hobby. I like to play guitar and sing.

I have a hobby. I listen to the music and play badminton.

• Exercise 37.

Ми́ша лю́бит спорт/ката́ться на велосипе́де.

Ле́на лю́бит игра́ть на гита́ре.

Та́ня лю́бит гото́вить.

Во́ва лю́бит путеше́ствовать.

• **Exercise 38.**

Hello! My name is Miyoung. I am 22 years old. I am a student. I study at the university. I have a hobby. I like to play guitar. It is very interesting!

Здра́вствуйте! Меня́ зову́т Миён. Мне 22 го́да. Я студе́нтка. Я учу́сь в университе́те. У меня́ есть хо́бби. Я люблю́ игра́ть на гита́ре. Э́то о́чень интере́сно!

Hello! My name is Sanghoon. I like to ride a bicycle. I have a friend. He likes to ride a bicycle too.

Здра́вствуйте! Меня́ зову́т Санхун. Я люблю́ ката́ться на велосипе́де. У меня́ есть друг. Он то́же лю́бит ката́ться на велосипе́де.

IN THE SUPERMARKET. AT THE PHONE STORE

• **Exercise 1.**

Купи́ть во́ду, есть лапшу́, люби́ть мя́со, пить пи́во, чита́ть кни́гу, слу́шать уро́к, смотре́ть фильм, люби́ть му́зыку, купи́ть ры́бу, писа́ть сообще́ние.

• **Exercise 2.**

Я де́лаю дома́шнее зада́ние. Я гуля́ю в па́рке. Я чита́ю кни́гу. Я зна́ю грамма́тику. Я учу́сь в университе́те. Я встреча́юсь с друзья́ми. Я покупа́ю проду́кты. Я игра́ю в компью́терные и́гры. Я слу́шаю му́зыку. Я рабо́таю в фи́рме.

• **Exercise 3.**

Я взял/взяла́, я ходи́л/ходи́ла, я ви́дел/ви́дела, я смотре́л/смотре́ла, я получи́л/получи́ла, я сказа́л/сказа́ла, я подари́л/подари́ла, я дал/дала́, я заплати́л/заплати́ла, я хоте́л/хоте́ла.

• **Exercise 5.**

1. 32 (три́дцать два) рубля́
2. 25 (два́дцать пять) рубле́й

3. 1250 (ты́сяча две́сти пятьдеся́т) рубле́й
4. 730 (семьсо́т три́дцать) рубле́й
5. 42 (со́рок два) рубля́
6. 58 (пятьдеся́т во́семь) рубле́й
7. 61 (шестьдеся́т оди́н) рубль
8. 100 (сто) рубле́й
9. 40 (со́рок) рубле́й
10. 443 (четы́реста со́рок три) рубля́

• Exercise 6.

– Hello! Milk, please.
– It will be 32 rubles.
– Thank you!

– Hello! Ketchup and mustard, please.
– It will be 82 rubles.
– Thank you!

– Hello! Do you sell (=Do you have) pepper?
– Yes. Black or red?
– Red, please.
– It will be 25 rubles.
– Thank you!

– Hello! I would like to buy the cookies. How much?
– 88 rubles.
– It is expensive. And what about these cookies?
– 54 rubles.
– Okay.

– Hello! I need water.
– Do you want a large bottle or smaller one?
– Large bottle, please.

– 42 rubles. What else?

– Ice cream, please.

– Some are 20 rubles each and other are 25 rubles each.

– Could I have the 20 rubles each, please.

– 62 rubles. Do you need a plastic bag?

– Yes.

– It will be 65 rubles.

– Here are 100 rubles.

– Do you have any coins, exactly 5 rubles?

– Yes.

– Here is your change of 40 rubles. And this is your receipt.

– Thank you.

● Exercise 7.

1. – Здра́вствуйте! Во́ду, пожа́луйста.
   – 20 рубле́й.
   – Спаси́бо!
2. – Здра́вствуйте! У вас есть сок?
   – Нет.
3. – Извини́те, у вас есть лапша́?
   – Да. Есть по 10 рубле́й, есть по 13 рубле́й.
   – По 10 рубле́й, пожа́луйста.
   – Что ещё?
   – Я́йца, пожа́луйста.
   – 50 рубле́й. Паке́т ну́жен?
   – Нет, спаси́бо.
4. – Мне ну́жен сыр. Ско́лько сто́ит?
   – 150 рубле́й. Паке́т ну́жен?
   – Да.
   – 153 рубля́.
   – Спаси́бо!
5. – Я хочу́ купи́ть пи́во.
   – Больша́я буты́лка или ма́ленькая?

– Большáя.

– 48 рублéй. У вас есть мéлочь: 3 рубля́?

– Да.

– Сдáча 5 рублéй.

– Спаси́бо!

- **Exercise 8.**

1. – Здрáвствуйте! Морóженое, пожáлуйста.

   – 30 рублéй.

2. – У вас есть соси́ски?

   – Да, 120 рублéй. Что ещё?

   – Э́то всё.

   – Пакéт нýжен?

   – Нет, спаси́бо.

3. – Здрáвствуйте! Мне нýжно мя́со.

   – Свини́на и́ли говя́дина?

   – Свини́на. Скóлько стóит?

   – 200 рублéй за килогрáмм.

   – Два килогрáмма, пожáлуйста.

   – 400 рублéй. Что ещё?

   – Ещё рис.

   – Рис стóит 43 рубля́. Всегó 443 рубля́.

   – Ещё пакéт, пожáлуйста.

   – 447 рублéй. Вáши 500 рублéй. Сдáча 53 рубля́.

   – Спаси́бо!

- **Exercise 9.**

a) Мне нýжен хлеб. / Я хочý купи́ть хлеб. / У вас есть хлеб? / Хлеб, пожáлуйста.

b) Мне нýжно мáсло. / Я хочý купи́ть мáсло. / У вас есть мáсло? / Мáсло, пожáлуйста.

c) Мне нýжен шоколáд. / Я хочý купи́ть шоколáд. / У вас есть шоколáд? / Шоколáд, пожáлуйста.

d) Мне нýжно печéнье. / Я хочý купи́ть печéнье. / У вас есть печéнье? / Печéнье, пожáлуйста.

• Exercise 10.

a) Мне нужнá корзи́на.

b) Мне нужнá тележка.

• Exercise 11.

Yesterday I went to the store. I bought milk, bananas, water, noodles and sauce. I paid 310 rubles.

Вчерá я ходи́л(а) в магази́н. Я купи́л(а) молокó, бан́аны, вóду, лапшý, сóус. Я заплати́л(а) 310 рублéй.

• Exercise 13.

1 – д

2 – а

3 – б

4 – в

5 – г

• Exercise 14.

Вы бýдете жить, я бýду жить; вы бýдете путешéствовать, я бýду путешéствовать; вы бýдете рабóтать, я бýду рабóтать; вы бýдете говори́ть, я бýду говори́ть; вы бýдете покупáть, я бýду покупáть; вы бýдете читáть, я бýду читáть; вы бýдете смотрéть, я бýду смотрéть; вы бýдете спать, я бýду спать; вы бýдете есть, я бýду есть; вы бýдете пить, я бýду пить.

• Exercise 15.

1. 4 (четы́ре) дня
2. 10 (дéсять) дней
3. 14 (четы́рнадцать) дней
4. 3 (три) мéсяца
5. 6 (шесть) мéсяцев
6. 1 (оди́н) мéсяц

7. 1 (оди́н) год
8. 2 (две) неде́ли
9. 5 (пять) лет
10. 5 (пять) дней

- **Exercise 16.**

– Hello! I need a SIM-card. Which rates do you have?
– How many days you will stay in Russia?
– 7 days.
– There is a rate: 7 GB of data, unlimited calls and 350 SMS.
– How much?
– 250 rubles.
– Okay. I want this rate.
– Your passport, please.

- **Exercise 19.**

Where does he live?	Он живёт в хоро́шем райо́не.
Why does he like that grocery store?	Он лю́бит магази́н 《Проду́кты》, потому́ что всё сто́ит о́чень дёшево. Всегда́ есть ски́дки.
What does he usually buy?	Обы́чно он покупа́ет хлеб, во́ду, молоко́, пече́нье, лапшу́, я́йца, ры́бу, фру́кты, сок.
Why the store was closed yesterday?	Потому́ что ремо́нт.
Why the phone store is very convenient?	Потому́ что он рабо́тает круглосу́точно.

IN THE HOSPITAL. AT THE PHARMACY

- **Exercise 1.**

Вчера́ я ел/е́ла пи́ццу. По́завчера́ я пил/пила́ пи́во. Вчера́ я ходи́л/ходи́ла в университе́т. Вчера́ я смотре́л/смотре́ла кино́. По́завчера́ я ходи́л/ходи́ла в са́уну. Вчера́ я встреча́лся/

встреча́лась с друзья́ми. Вчера́ я купи́л/купи́ла проду́кты. Вчера́ я игра́л/игра́ла на компью́тере. Вчера́ я слу́шал/слу́шала му́зыку. Вчера́ я де́лал/де́лала дома́шнее зада́ние.

● **Exercise 2.**

Иди́те, купи́те, покажи́те, расскажи́те, объясни́те, откро́йте, закро́йте, сади́тесь, дыши́те, пиши́те.

● **Exercise 3.**

Пода́рок для ма́мы, докуме́нты для ви́зы, ве́щи для путеше́ствия, сувени́р для дру́га, де́ньги для пое́здки, откры́тка для подру́ги, па́лка для се́лфи, крем для лица́, гель для ду́ша, мазь для спины́.

● **Exercise 4.**

1. 5 (пять) дней
2. 1 (оди́н) день
3. 4 (четы́ре) дня
4. 30 (три́дцать) дней
5. 6 (шесть) дней
6. 16 (шестна́дцать) дней
7. 3 (три) дня
8. 22 (два́дцать два) дня
9. 10 (де́сять) дней
10. 21 (два́дцать оди́н) день

● **Exercise 5.**

Вчера́ я е́л/е́ла карто́фель и ры́бу, пил/пила́ сок.

Сего́дня у́тром на за́втрак я е́л/е́ла пи́ццу и ку́рицу, пил/пила́ ко́ла-ко́лу.

Сего́дня днём на обе́д я е́л/е́ла пече́нье, пил/пила́ пи́во.

Вчера́ у́тром я е́л/е́ла мо́репроду́кты, пил/пила́ во́ду.

Вчера́ днём я е́л/е́ла свини́ну и рис, пил/пила́ чай.

Вчера́ ве́чером на у́жин я е́л/е́ла говя́дину и о́вощи, пил/пила́ сок.

Вчера́ днём я е́л/е́ла лапшу́, пил/пила́ во́ду.

Сего́дня у́тром я е́л/е́ла суп и рис, пил/пила́ во́ду.

Сего́дня днём я е́л/е́ла па́сту, пил/пила́ лимона́д.

Вчера́ ве́чером я е́л/е́ла бу́лочку, пил/пила́ молоко́.

● **Exercise 6.**

– Здра́вствуйте!*(historically, it is an imperative form)

– Проходи́те. Что у вас боли́т?

– У меня́ боли́т живо́т.

– Давно́?

– 2 дня.

– Что вы е́ли вчера́?

– Рис и ры́бу.

– Где боли́т? Здесь?

– Да.

– Э́то кише́чник. Мо́жет быть, ры́ба была́ ста́рая, несве́жая. Иди́те в апте́ку и купи́те э́то лека́рство. Пе́йте до еды́ 2 ра́за в день.

– Хорошо́. Да́йте мне, пожа́луйста, спра́вку для университе́та. Я сего́дня не ходи́л в университе́т.

– Вот спра́вка.

– Спаси́бо. До свида́ния.

● **Exercise 7.**

1. Да, Макси́м лю́бит учи́ться.
2. Потому́ что его́ подру́га О́ля позвони́ла и сказа́ла, что у неё грипп.
3. Да, у О́ли вчера́ была́ температу́ра.
4. Вчера́ Макси́м ходи́л в магази́н и в апте́ку.
5. Макси́м купи́л для О́ли фру́кты, молоко́, мёд, мали́новое варе́нье.
6. Нет, сего́дня у О́ли нет температу́ры.
7. Да, Макси́м хоро́ший друг.

● **Exercise 8.**

– Здра́вствуйте!

– Проходи́те. Как вас зову́т?

– Меня́ зову́т Пак Донук.

– Что у вас боли́т?

– У меня́ грипп.

– У вас есть температу́ра?

– Да. 38.2.

– У вас боли́т го́рло?

– Да.

– Покажи́те го́рло. Иди́те в апте́ку и купи́те ≪Аспири́н≫. Пе́йте по́сле еды́ 1 раз в день.

– Хорошо́. Спаси́бо! До свида́ния!

– До свида́ния.

● Exercise 9.

– Здра́вствуйте!

– До́брый день! Проходи́те. Что у вас боли́т?

– У меня́ боли́т нога́.

– Давно́?

– 3 дня. Я игра́л в футбо́л и упа́л.

– Иди́те в апте́ку и купи́те э́ту мазь.

– Хорошо́. Да́йте мне, пожа́луйста, спра́вку для университе́та.

– Вот спра́вка.

– Спаси́бо! До свида́ния!

– До свида́ния!

● Exercise 11.

Мне ну́жно лека́рство. Мне ну́жен сове́т. Ему́ нужны́ очки́. Ей нужны́ витами́ны. Вам ну́жен о́тдых. Мне нужна́ консульта́ция врача́. Мне нужны́ бахи́лы. Мне нужна́ спра́вка. Ему́ нужна́ мазь. Ей ну́жен горя́чий чай.

● Exercise 12.

1. 250 (две́сти пятьдеся́т) рубле́й
2. 72 (се́мьдесят два) рубля́

3. 138 (сто три́дцать во́семь) рубле́й
4. 401 (четы́реста оди́н) рубль
5. 5 (пять) рубле́й
6. 1000 (ты́сяча) рубле́й
7. 524 (пятьсо́т два́дцать четы́ре) рубля́
8. 3 (три) рубля́
9. 100 (сто) рубле́й
10. 749 (семьсо́т со́рок де́вять) рубле́й

• Exercise 14.

– Hello! I think I have the flu. Do you have any ≪Aspirin≫?

– Yes. 122 rubles.

– I also need a nasal spray.

– 261 rubles. Is that all?

– Yes.

– 383 rubles. Do you have our pharmacy loyalty card?

– No.

– You have given me 500 rubles, so here is your change of 117 rubles.

– Thank you.

• Exercise 15.

– Здра́вствуйте! У меня́ боли́т го́рло. У вас есть спрей от го́рла?

– Да. 78 рубле́й. Что ещё?

– Э́то всё.

– У вас есть ка́рта апте́ки?

– Нет.

– Ва́ши 100 рубле́й. Сда́ча 22 рубля́.

– Спаси́бо!

• Exercise 16.

– Здра́вствуйте! У меня́ грипп: боли́т голова́, есть ка́шель, на́сморк, высо́кая температу́ра. У вас есть лека́рство от гри́ппа?

– Да. Есть ≪Аспири́н≫.

– Пожа́луйста, да́йте ≪Аспири́н≫. Ско́лько сто́ит?

– 156 рубле́й. Что ещё?

– Э́то всё. Спаси́бо!

● Exercise 18.

1 – а

2 – г

3 – б

4 – в

5 – д

IN THE RESTAURANT

• Exercise 1.

Я люблю́ во́ду. Я люблю́ свини́ну. Я люблю́ рис. Я люблю́ чай. Я люблю́ карто́фель. Я люблю́ пи́во. Я люблю́ сок. Я люблю́ борщ. Я люблю́ ры́бу. Я люблю́ квас.

• Exercise 2.

Я бу́ду есть, вы бу́дете есть; я бу́ду жить, вы бу́дете жить; я бу́ду учи́ться, вы бу́дете учи́ться; я бу́ду рабо́тать, вы бу́дете рабо́тать; я бу́ду спать, вы бу́дете спать; я бу́ду гуля́ть, вы бу́дете гуля́ть; я бу́ду отдыха́ть, вы бу́дете отдыха́ть; я бу́ду чита́ть, вы бу́дете чита́ть; я бу́ду путеше́ствовать, вы бу́дете путеше́ствовать; я бу́ду говори́ть, вы бу́дете говори́ть.

• Exercise 3.

Чай с са́харом, ко́фе с молоко́м, жа́реный карто́фель со свини́ной, говя́дина с лапшо́й, рис с ры́бой, блины́ с дже́мом, борщ со смета́ной, па́ста с ветчино́й, пи́цца с колбасо́й, ку́рица с ри́сом.

• Exercise 4.

Чай без са́хара, ко́фе без молока́, сала́т без со́ли, суп без майоне́за, говя́дина без со́уса, блины́ без дже́ма, борщ без смета́ны, чай без лимо́на, ры́ба без гарни́ра, у́жин без алкого́ля.

• Exercise 5.

Я заказа́л/заказа́ла; я ел/е́ла; я пил/пила́; я заплати́л/заплати́ла; я сиде́л/сиде́ла; я вы́брал/вы́брала; я дал/дала́; я ви́дел/ви́дела; я знал/зна́ла; я забы́л/забы́ла.

• Exercise 6.

– Hello! Can I order red-beet soup and pancakes (=Please, red-beet soup and pancakes for me).
– Any drinks (=What will you drink)?
– Water, please.
– Sparkling or still?
– Still water, please.

– Okay. And for you?

– Potatoes and chicken for me. Also beer, please.

– We have light and dark beer. Which one do you prefer?

– Light beer.

– 0.2 or 0.5?

– 0.5.

– So, your order: red-beet soup, pancakes, still water, potatoes, chicken and beer.

– Yes, thank you.

– Do you have a menu in English?

– Yes, we have.

– Do you have an ≪Olivier≫ salad?

– Yes.

– Can I order ≪Olivier≫ salad and pancakes with ham (= An ≪Olivier≫ salad and pancakes with ham for me). Also pelmeni, please.

– Any drinks (= What will you drink)?

– Tea, please.

– Green or black?

– Black tea.

– With or without sugar?

– Without sugar.

– Okay. One minute, please.

– Hello! What will you order?

– I will order pork with cheese and rice.

– Any drinks (= What will you drink)?

– ≪Latte≫, please.

– Sorry, unfortunately, we do not sell (= we do not have) ≪Latte≫, we have ≪Americano≫ though.

– ≪Americano≫ and a bill, please.

– Okay.

– Hello! What will you order?

– Hello! Please, recommend me a tasty dishes.

– You can order pelmeni and pancakes.

– Your soup and tea. Enjoy your meal!

– Thank you!

● Exercise 7.

1. – Здра́вствуйте! Мне, пожа́луйста, свини́ну с сы́ром и карто́фель.
   – Что бу́дете пить?
   – Во́ду.
   – Одну́ мину́ту.
2. – Здра́вствуйте! У вас есть борщ?
   – Да, есть.
   – Я бу́ду борщ и блины́.
   – Что бу́дете пить?
   – Пи́во.
   – Све́тлое и́ли тёмное?
   – Тёмное, пожа́луйста.
   – Хорошо́. Одну́ мину́ту.
3. – Здра́вствуйте! У вас есть меню́ по-кита́йски?
   – Да, есть.
4. – Здра́вствуйте. Чай, пожа́луйста.
   – Чёрный и́ли зелёный?
   – Зелёный.
   – С са́харом и́ли без са́хара?
   – Без са́хара.
   – Что ещё?
   – Пельме́ни, пожа́луйста. Э́то всё. Спаси́бо.
   – Одну́ мину́ту.
5. – Пожа́луйста, посове́туйте, что вку́сно.
   – Сала́т ≪Оливье́≫.
   – Спаси́бо.

● Exercise 9.

Yesterday I went to the restaurant. I ordered ≪Solyanka≫, chicken and potatoes, pancakes and juice. I paid 930 rubles.

Вчера́ я ходи́л(а) в рестора́н. Я заказа́л(а) соля́нку, ку́рицу и карто́фель, блины́, сок. Я заплати́л(а) 930 рубле́й.

● Exercise 10.

1 – в

2 – а

3 – г

4 – б

5 – д

● Exercise 12.

Что?	Куда́?	Где?
рестора́н	в рестора́н	в рестора́не
магази́н	в магази́н	в магази́не
библиоте́ка	в библиоте́ку	в библиоте́ке
университе́т	в университе́т	в университе́те
по́чта	на по́чту	на по́чте
больни́ца	в больни́цу	в больни́це
у́лица	на у́лицу	на у́лице
пло́щадь	на пло́щадь	на пло́щади
эта́ж	на эта́ж	на этаже́
Москва́	в Москву́	в Москве́
Сеу́л	в Сеу́л	в Сеу́ле
Кремль	в Кремль	в Кремле́
теа́тр	в теа́тр	в теа́тре
музе́й	в музе́й	в музе́е

Exercise 13.

1. Год наза́д Санмук е́здил в Москву́.
2. Он был в Кремле́, в ГУМе, в Большо́м теа́тре, в Моско́вском университе́те, в Изма́йлово, в музе́е.
3. Люби́мое ме́сто Санмука – э́то ГУМ.
4. Кафе́ нахо́дится на тре́тьем этаже́ ГУМа.
5. Санмук е́здил туда́ 5 раз.
6. Люби́мое блю́до Санмука – блины́ с клубни́кой.
7. Он о́чень лю́бит ру́сские блины́ и о́чень лю́бит клубни́ку.
8. Моё люби́мое ме́сто – ... .

Exercise 14.

1. Что́бы пригото́вить блины́, ну́жно купи́ть муку́, я́йца, молоко́, соль, са́хар, со́ду, ма́сло.
2. Снача́ла ну́жно смеша́ть я́йца с со́лью, са́харом и со́дой, доба́вить молоко́ и перемеша́ть. Зате́м ну́жно доба́вить муку́ и сно́ва перемеша́ть. Пото́м ну́жно нали́ть ма́сло на сковороду́ и нали́ть немно́го те́ста.
3. Блины́ мо́жно есть с мёдом, сгущённым молоко́м и́ли дже́мом.

Exercise 16.

Вчера́ ве́чером у Ле́ны бы́ли го́сти. Ле́на пригото́вила для них борщ.

Она́ купи́ла ку́рицу и о́вощи: капу́сту, морко́вь, карто́фель, лук, свёклу.

Снача́ла Ле́на пригото́вила бульо́н. Зате́м вы́мыла и поре́зала о́вощи, а та́кже поре́зала ку́рицу.

Свёклу, морко́вь и лук Ле́на обжа́рила 3 мину́ты, пото́м положи́ла в бульо́н. Зате́м в бульо́н доба́вила ку́рицу, карто́фель, капу́сту, соль и оста́вила на 25 мину́т.

Го́сти бы́ли о́чень ра́ды и сказа́ли, что борщ – про́сто чу́до!

IN THE CITY. WEATHER

• Exercise 1.

У́лица Менделе́ева. Как дое́хать до у́лицы Че́хова? Как дое́хать до музе́я? Два биле́та. 23 рубля́. 100 рубле́й. Ка́рта го́рода. Остано́вка тролле́йбуса. Библиоте́ка и́мени Ле́нина. У меня́ нет багажа́.

• Exercise 2.

На трамва́е. На самолёте. На такси́. На по́езде. На метро́. На маши́не. На тролле́йбусе. На маршру́тке. На велосипе́де. На самока́те.

• Exercise 3.

Я е́ду в гости́ницу. Мы е́дем в Санкт-Петербу́рг. Я иду́ на у́жин. Студе́нты иду́т в больни́цу. Ты идёшь в магази́н? За́втра я иду́ в Большо́й теа́тр. Я е́ду в оте́ль. Вчера́ я ходи́л(а) в библиоте́ку. Вчера́ я ходи́л(а) в музе́й. Вчера́ я ходи́л(а) на сва́дьбу.

• Exercise 4.

Жди́! Жди́те!

Говори́! Говори́те!

Покупа́й! Покупа́йте!

Дай! Да́йте!

Слу́шай! Слу́шайте!

Отдыха́й! Отдыха́йте!

Не кури́! Не кури́те!

Де́лай! Де́лайте!

Ду́май! Ду́майте!

Звони́! Звони́те!

• Exercise 6.

1. – Помоги́те мне, пожа́луйста.
2. – Где я могу́/где мо́жно купи́ть сувени́ры?

– В Измáйлово.

3. – Здрáвствуйте! Мне нýжно такси́.

   – Кудá éдете?

   – В центр гóрода.

   – 900 рублéй.

4. – Я могý/Мóжно плати́ть кáртой?

   – Да.

5. – Извини́те, я не знáю, где Кремль.

   – Э́то бли́зко. Иди́те пря́мо, потóм напрáво.

   – Спаси́бо!

6. – На какóм этажé туалéт?

   – На пéрвом этажé.

7. – Извини́те, э́то ≪Достоéвская≫?

   – Нет, э́то ≪Трýбная≫.

   – А когдá ≪Достоéвская≫?

   – Слéдующая.

   – Спаси́бо!

8. – Извини́те, где корéйское посóльство?

   – В цéнтре гóрода, óколо реки́.

9. – Три билéта на ≪Травиату≫, пожáлуйста.

   – В партéр и́ли в бельетáж?

   – В партéр.

   – 6000 рублéй.

   – Спаси́бо!

10. – Извини́те, где метрó?

    – Извини́те, я не знáю.

11. – У меня́ нет багажá.

    – У вас есть багáжная би́рка?

    – Да.

    – Подожди́те.

12. – Оди́н билéт, пожáлуйста.

    – Вы студéнт?

    – Да.

– 100 рублéй.

– Спаси́бо!

13. – Пожáлуйста, скажи́те, где мóжно поменя́ть дéньги?

– Э́то недалекó. О́коло метрó.

– Спаси́бо!

- **Exercise 7.**

1. – Скажи́те, где я могу́ купи́ть матрёшку?

– В Измáйлово.

2. – Извини́те, как доéхать до вокзáла?

– На метрó.

3. – Я не знáю, как доéхать до Москвы́.

– На самолёте и́ли на пóезде.

– Спаси́бо!

4. – Скажи́те, как доéхать до Кремля́?

– Лу́чше на автóбусе.

– Спаси́бо!

5. – Извини́те, как доéхать до МГУ?

– Сначáла на метрó, потóм 5 мину́т пешкóм.

- **Exercise 9.**

– Hello? Hi, Masha! How are you?

– Hi, Myungsoo! I am fine. And you?

– I have a problem. I do not know how to get to the airport.

– There is metro or taxi can be used.

– Where is the station?

– It is close to the hotel, in front of the shop. It is 3 minutes on foot.

–Thank you, Masha!

– No problem!

– Аллó! Мáша, привéт! Как делá?

– Привéт, Мёнсу! Всё хорошо. А у тебя?

– У меня́ проблéма. Я не знáю, как доéхать до аэропóрта.

– На метро́ и́ли на такси́.

– А где метро́?

– О́коло <u>гости́ницы</u>, напро́тив <u>магази́на</u>. 3 <u>мину́ты</u> пешко́м.

– Спаси́бо, Ма́ша!

– Не́ за что!

• Exercise 11.

1. А
2. Б
3. В
4. В
5. Б
6. А
7. А
8. В
9. Б
10. В

• Exercise 12.

1 – д

2 – а

3 – б

4 – в

5 – г

INVITATION. GIVING CONGRATULATIONS

● **Exercise 1.**

Пойдём в ресторáн! Пойдём на экскýрсию! Пойдём сегóдня в кинó! Приглашáю тебя́ в теáтр! Давáй пойдём на вы́ставку! Пойдём в музéй! Давáй пойдём пóслезáвтра на óперу! Приглашáю вас на балéт! Давáй пойдём в кафé! Пойдём на катóк вмéсте!

● **Exercise 2.**

1. в 6 (шесть) часóв
2. в 11 (оди́ннадцать) часóв 15 (пятнáдцать) минýт
3. в 4 (четы́ре) часá
4. в 19 (девятнáдцать) часóв / в 7 (семь) часóв
5. в 22 (двáдцать два) часá / в 10 (дéсять) часóв
6. в 9 (дéвять) часóв 30 (три́дцать) минýт
7. в 1 (оди́н) час 10 (дéсять) минýт / в час 10 (дéсять) минýт
8. в 5 (пять) часóв
9. в 8 (вóсемь) часóв 30 (три́дцать) минýт
10. в 21 (двáдцать оди́н) час / в 9 (дéвять) часóв

● **Exercise 5.**

Двáдцать пя́того декабря́, пéрвого ию́ня, девя́того мáя, пéрвого января́, двáдцать трéтьего февраля́, восьмóго ию́ля, шестóго ию́ня, четвёртого ноября́, пéрвого сентября́, седьмóго января́.

● **Exercise 6.**

Рождествó – 7 (седьмóго) января́.

День Побéды – 9 (девя́того) мáя.

Нóвый год – 31 (три́дцать пéрвого) декабря́ – 1 (пéрвого) января́.

День рýсского языкá – 6 (шестóго) ию́ня.

- **Exercise 8.**

– Hi, Sooyeon! Are you free on Saturday?
– Yes. Why?
– Let's go to the cinema.
– What time?
– At 6 pm.
– Okay. Thank you! See you soon!

– Yeonah! I am inviting you to the party!
– When?
– Friday at 4 pm.
– Where will the party be?
– In the cafe ≪Pushkin≫.
– Okay. Thank you!

– Sasha, I am inviting you to the wedding ceremony!
– When will the wedding ceremony be?
– October 15th at 11.30 am.
– Sorry, I want, but I cannot come. I will have an important exam.
– It is a pity.

- **Exercise 9.**

1. – О́льга! Дава́й пойдём в теа́тр!
   – Когда́?
   – В воскресе́нье.
   – Во ско́лько?
   – В 7 часо́в.
   – Хорошо́. Спаси́бо!
2. – Приве́т, Ири́на! Ты свобо́дна в пя́тницу?
   – Извини́, нет.
3. – Ми́ша, приглаша́ю тебя́ на сва́дьбу.
   – Спаси́бо. Когда́?
   – За́втра.

– Во ско́лько?

– В 3 часа́.

– Где?

– В гости́нице 《Росси́я》.

4. – Ма́ша! Дава́й пойдём в кино́!

– Когда́?

– Сего́дня.

– Извини́, сего́дня у меня́ есть уро́к.

– О́чень жаль.

● Exercise 10.

1. – Ко́стя! Ты свобо́ден в суббо́ту?

– Да, свобо́ден.

– Дава́й пойдём в кино́?

– Дава́й. Во ско́лько?

– В 8 часо́в.

– Хорошо́. Спаси́бо!

2. – Алёна, приглаша́ю тебя́ на вечери́нку!

– Спаси́бо! А когда́?

– Сего́дня.

– Извини́, я хочу́, но не могу́.

– О́чень жаль.

● Exercise 12.

1. Ёна ходи́ла в суббо́ту в кино́.
2. Ири́на пригласи́ла Ёну в кино́.
3. Подру́ги смотре́ли ру́сское кино́.
4. Э́то бы́ло кино́ о любви́.
5. Подру́ги встре́тились в 6 часо́в о́коло кинотеа́тра 《Москва́》.
6. Они́ купи́ли попко́рн и сок.
7. Ёна пригласи́ла Ири́ну в го́сти.

• Exercise 13.

С Рождеством́! С днём рожде́ния! С Днём Побе́ды! С Днём ру́сского языка́! С Па́схой! С Днём студе́нта! С пра́здником! С новосе́льем! С оконча́нием университе́та! С днём рожде́ния сы́на!

• Exercise 14.

Я жела́ю; я помога́ю; я де́лаю; я игра́ю; я гуля́ю; я понима́ю; я чита́ю; я зна́ю; я покупа́ю; я слу́шаю.

• Exercise 15.

Жела́ю сча́стья! Жела́ю уда́чи! Жела́ю успе́ха! Жела́ю ра́дости! Жела́ю здоро́вья! Жела́ю бога́тства! Жела́ю добра́! Жела́ю весе́лья! Жела́ю любви́! Жела́ю гармо́нии ва́шей семье́!

• Exercise 16.

– Tanya! Happy New Year!
– Thank you!

– Alina! Happy Birthday!
– Thank you!
– I wish you love and happiness!
– Thank you, Minho!

• Exercise 17.

1. – Ле́на! С Рождество́м!
   – Спаси́бо!
2. – Ва́ня, с Днём студе́нта!
   – Спаси́бо!
3. – Мари́на, с днём рожде́ния! Жела́ю сча́стья и любви́!
   – Спаси́бо.

• Exercise 19.

1 – б

2 – а

3 – д

4 – в

5 – г

● Exercise 21.

What is his favorite holiday?	Его́ люби́мый пра́здник – Но́вый год.
Why does he like this holiday?	Во-пе́рвых, потому́ что до́ма стои́т краси́вая ёлка и о́коло ёлки – пода́рки. Во-вторы́х, ему́ нра́вится новогóднее меню́. В-тре́тьих, в э́то вре́мя начина́ются зи́мние кани́кулы. Наконе́ц, э́то семе́йный пра́здник.
What about New Year's menu?	Сала́ты, арома́тная ры́ба, торт, апельси́ны.
What can they do during winter vacation?	Мо́жно отдыха́ть неде́лю, и́ли путеше́ствовать, и́ли ката́ться на сно́убо́рде, и́ли пое́хать за́ город.
What do they do with whole family?	Они́ всей семьёй де́лают убо́рку и гото́вят, пото́м прово́дят кани́кулы вме́сте.

GUIDED TOUR OF MOSCOW

● Exercise 1.

Приглаша́ем на вы́ставку! Приглаша́ем на Пасха́льный фестива́ль! Приглаша́ем на авто́бусную экску́рсию! Приглаша́ем на пешехо́дную экску́рсию! Приглаша́ем на за́городную экску́рсию! Приглаша́ем на обзо́рную экску́рсию! Приглаша́ем на литерату́рную экску́рсию! Приглаша́ем на речну́ю экску́рсию! Приглаша́ем на недорогу́ю экску́рсию! Приглаша́ем на ночну́ю экску́рсию!

● Exercise 2.

Москва́ была́ осно́вана в 1147 (ты́сяча сто со́рок седьмо́м) году́.

Санкт-Петербу́рг был осно́ван в 1703 (ты́сяча семьсо́т тре́тьем) году́.

Владивосто́к был осно́ван в 1860 (ты́сяча восемьсо́т шестидеся́том) году́.
Новосиби́рск был осно́ван в 1893 (ты́сяча восемьсо́т девяно́сто тре́тьем) году́.
Ни́жний Но́вгород был осно́ван в 1221 (ты́сяча две́сти два́дцать пе́рвом) году́.
Ирку́тск был осно́ван в 1661 (ты́сяча шестьсо́т шестьдеся́т пе́рвом) году́.
Калинингра́д был осно́ван в 1255 (ты́сяча две́сти пятьдеся́т пя́том) году́.
Каза́нь была́ осно́вана в 1005 (ты́сяча пя́том) году́.
Арха́нгельск был осно́ван в 1584 (ты́сяча пятьсо́т во́семьдесят четвёртом) году́.
Му́ром был осно́ван в 862 (восемьсо́т шестьдеся́т второ́м) году́.

● Exercise 3.

Са́мое изве́стное ме́сто/изве́стнейшее ме́сто; са́мая холо́дная страна́/холодне́йшая страна́; са́мый вели́кий худо́жник/велича́йший худо́жник; са́мая прекра́сная панора́ма/прекра́снейшая панора́ма; са́мая ста́рая у́лица/старе́йшая у́лица; са́мые дороги́е сувени́ры/дорожа́йшие сувени́ры; са́мый чи́стый во́здух/чисте́йший во́здух; са́мый тала́нтливый писа́тель/тала́нтливейший писа́тель; са́мая высо́кая гора́/высоча́йшая гора́; са́мая интере́сная экску́рсия/интере́снейшая экску́рсия.

● Exercise 5.

1. Москва́ осно́вана в 1147 году́.
2. 《Се́рдце》 Москвы́ – Кремль и Кра́сная пло́щадь.
3. На Кра́сной пло́щади есть храм Васи́лия Блаже́нного, па́мятник Ми́нину и Пожа́рскому, ГУМ, Госуда́рственный истори́ческий музе́й.
4. МГУ нахо́дится на Воробьёвых гора́х.
5. Тури́стам нра́вится гуля́ть о́коло МГУ, потому́ что там са́мый чи́стый во́здух в Москве́ и есть беспла́тная смотрова́я площа́дка.
6. Па́мятник Пу́шкину нахо́дится на Арба́те.
7. Леони́д Бре́жнев, Дми́трий Шостако́вич, Ма́йя Плисе́цкая жи́ли на Куту́зовском проспе́кте.
8. Зда́ние МГУ, гости́ница 《Украи́на》.
9. В Москве́ есть Москва́-река́.
10. Са́мый высо́кий храм в Москве́ – э́то Храм Христа́ Спаси́теля.
11. Третьяко́вская галере́я нахо́дится недалеко́ от Хра́ма Христа́ Спаси́теля, в Лавру́шинском переу́лке.

12. В Третьяко́вской галере́е есть карти́ны Ива́на Ши́шкина, Ильи́ Ре́пина, Исаа́ка Левита́на, Михаи́ла Вру́беля, Ма́рка Шага́ла.
13. В па́рке о́коло Оста́нкинской телеба́шни есть уса́дьба Шереме́тьевых 18 ве́ка.
14. Кни́ги мо́жно купи́ть в 《До́ме кни́ги》.

● **Exercise 6.**

1. Кремль и Кра́сная пло́щадь
2. Храм Васи́лия Блаже́нного и па́мятник Ми́нину и Пожа́рскому
3. Воробьёвы го́ры
4. МГУ
5. Арба́т
6. Куту́зовский проспе́кт
7. ста́линская высо́тка
8. Храм Христа́ Спаси́теля
9. Третьяко́вская галере́я
10. Оста́нкинская телеба́шня

GUIDED TOUR OF SAINT PETERSBURG

● **Exercise 1.**

Трёхдне́вная экску́рсия; дву́хчасова́я экску́рсия; пяти́дне́вная командиро́вка; трёхчасово́й фильм; семи́дне́вная поéздка; двадцати́мину́тный уро́к; десяти́мину́тное ви́део; пяти́мину́тный переры́в; дву́хме́сячный о́тпуск; шести́ме́сячный ребёнок.

● **Exercise 2.**

Кни́га трина́дцатого ве́ка; дом восемна́дцатого ве́ка; карти́на двадца́того ве́ка; царь Пётр Пе́рвый; царь Никола́й Второ́й; худо́жник восемна́дцатого ве́ка; ико́на девятна́дцатого ве́ка; поэ́т двадца́того ве́ка; иску́сство два́дцать пе́рвого ве́ка; литерату́ра семна́дцатого ве́ка.

• Exercise 3.

1. Е́сли вы хоти́те посмотре́ть, где жил Алекса́ндр Пу́шкин, то сове́туем вам посети́ть го́род Пу́шкин.
2. Е́сли за́втра бу́дет хоро́шая пого́да, то мы бу́дем игра́ть в бадминто́н.
3. Е́сли вы лю́бите па́рки, дворцы́ и фонта́ны, то рекоменду́ем пое́хать в Петерго́ф.
4. Е́сли вы лю́бите ру́сское иску́сство, то мы сове́туем вам посети́ть Ру́сский музе́й в Петербу́рге.
5. Е́сли вы пе́рвый раз в Петербу́рге, то мы сове́туем вам пое́хать на обзо́рную экску́рсию.
6. Е́сли вы хоти́те посмотре́ть вое́нно-морско́й го́род, то сове́туем вам посети́ть Кроншта́дт.
7. Е́сли вы хоти́те помоли́ться, то сове́туем вам посети́ть Каза́нский собо́р.
8. Е́сли вы хоти́те посети́ть Росси́ю зимо́й, то сове́туем вам взять ша́пку и шарф.
9. Е́сли за́втра бу́дет дождь, то я бу́ду занима́ться до́ма.
10. Е́сли вы хоти́те купи́ть ру́сские сувени́ры, то сходи́те в Гости́ный двор.

• Exercise 4.

Ту́ла сла́вится пря́никами. Москва́ сла́вится хра́мами. А́страхань сла́вится арбу́зами. Ура́л сла́вится камня́ми. Ю́жно-Сахали́нск сла́вится кра́бами. Крым сла́вится ви́нами. Ива́ново сла́вится неве́стами. Санкт-Петербу́рг сла́вится ре́ками и кана́лами. Па́вловский Поса́д сла́вится платка́ми. Новосиби́рск сла́вится оре́хами.

• Exercise 5.

От Москвы́ до Санкт-Петербу́рга 700 киломе́тров. От Адмиралте́йства до ла́вры 4.5 киломе́тра. От Сеу́ла до Пуса́на мо́жно дое́хать на авто́бусе, по́езде, маши́не, самолёте. От дома до университе́та 5 мину́т пешко́м. От Инчхо́на до Владивосто́ка 2 часа́ на самолёте. От Петербу́рга до Петерго́фа на теплохо́де 30 мину́т. От Петербу́рга до Пу́шкина мо́жно дое́хать на электри́чке. От Петербу́рга до Кроншта́дта мо́жно дое́хать на такси́. От аэропо́рта до це́нтра го́рода мо́жно дое́хать за 3 000 рубле́й. От Инчхо́на до Сеу́ла мо́жно дое́хать на авто́бусе и́ли на метро́.

• **Exercise 6.**

Магази́н рабо́тает с понеде́льника по пя́тницу. Студе́нты у́чатся с сентября́ по ию́нь. Кани́кулы с ию́ля по сентя́брь. Теа́тр закры́т с ию́ля по октя́брь. Приглаша́ем на экску́рсию в ледяну́ю пеще́ру с февраля́ по апре́ль. Уважа́емые студе́нты! Библиоте́ка бу́дет закры́та со вто́рника по четве́рг. Ста́нция метро́ ≪Охо́тный ряд≫ закры́та на реконстру́кцию с ма́я по а́вгуст. На́ши экску́рсии прово́дятся с апре́ля по октя́брь. Мы рабо́таем без выходны́х, с понеде́льника по воскресе́нье. Я бу́ду на стажиро́вке с ма́рта по май.

• **Exercise 7.**

Е́хать по проспе́кту; ходи́ть по магази́нам; плыть по реке́; путеше́ствовать по Росси́и; идти́ по у́лице; ката́ться по кана́лам; идти́ по пло́щади; гуля́ть по па́рку; ходи́ть по музе́ю; бе́гать по стадио́ну.

• **Exercise 9.**

1. Се́верная столи́ца.
2. Поэ́т Алекса́ндр Пу́шкин жил и учи́лся в Пу́шкине.
3. Па́рки, дворцы́ и фонта́ны есть в Петерго́фе.
4. Вое́нно-морско́й го́род о́коло Петербу́рга называ́ется Кроншта́дт.
5. Санкт-Петербу́рг основа́л Пётр Пе́рвый.
6. Санкт-Петербу́рг сла́вится моста́ми и кана́лами.
7. Гла́вный проспе́кт Петербу́рга – Не́вский проспе́кт.
8. Во́дные экску́рсии прово́дятся в Петербу́рге с апре́ля по октя́брь.
9. В Каза́нском собо́ре нахо́дится люби́мая ру́сским наро́дом ико́на Бо́жией Ма́тери ≪Каза́нская≫.
10. В Ру́сском музе́е преста́влены рабо́ты древнеру́сского иску́сства, карти́ны XVIII–XX веко́в, произведе́ния сове́тских худо́жников и совреме́нного иску́сства.

• **Exercise 10.**

1. Го́род Пу́шкин
2. Петерго́ф
3. Кроншта́дт
4. мост, река́, кана́л

5. Исаа́киевский собо́р
6. Зи́мний дворе́ц (Эрмита́ж)
7. Спас на Крови́
8. Петропа́вловская кре́пость
9. Кре́йсер 《Авро́ра》
10. Не́вский проспе́кт
11. Адмиралте́йство
12. Алекса́ндро-Не́вская ла́вра
13. Каза́нский собо́р
14. Ру́сский музе́й